税理士が
直面する　新たな
不動産登記法・共有関係等
の実務

遠藤 常二郎　大畑 智宏　共著

税務研究会出版局

まえがき

令和3年4月に民法等の一部を改正する法律（令和3年法律第24号）及び相続等により取得した土地所有権の国庫への帰属に関する法律（令和3年法律第25号）が成立し公布されました。既にこれらの法律は令和5年4月から順次施行されています。本法律の具体的な改正等の内容は次の3点となりますが、いずれも弁護士、司法書士及び行政書士に係る業務のみならず、税理士業務においても大きく関わる内容です。

改正等の内容の1点目は「相続登記等が円滑に行われるようにするための不動産登記制度の見直し」です。具体的には相続登記・住所変更登記の申請義務化及びこれらの手続の簡素化・合理化となります（施行日令和6年4月1日（住所変更登記義務化については令和8年4月までに施行））。相続登記申請の義務については、原則的には相続開始から3年以内に申請を行わない場合、一定の罰則があります。そのため相続税の申告等に携わる税理士はこれらの義務化について、予め相続人等に説明しておくべきと考えます。

2点目は「土地を手放したい方が、国に帰属させることができる制度（相続土地国庫帰属制度）の創設」です（施行日令和5年4月27日）。本制度の創設により、相続人が相続したい財産は放棄せず、管理等が大変で手放したい土地のみを国庫に帰属させることができるようになりました。本制度を利用するには要件があり、さらに一定の手続きが必要となります。このような手放したい土地が相続財産の中にある場合、税理士は本制度の内容を相続人に説明することとなります。

3点目は「土地・建物等の利用に関する民法の規律の見直し」です（施行日令和5年4月1日）。この見直しにより所在等が不明な共有者が不動産の持分を有している場合でも一定の活用が可能となり、さらには裁判所の手続きを経て所在等不明共有者の持分を他の共有者が買取ることや第三者に売却することが可能となりました。このような共有不動産を有するクライアントを持つ税理士は本改正の内容を理解しておく必要があるでしょう。

本書は、これら3点の改正等のうち税理士が特に必要と思われる部分等について解説するもので、「法務基礎編」、「事例編」及び事例編を補足する「フォーカス」から構成されています。

「法務基礎編」では簡単なQ&Aにより改正項目に係る法務の取り扱いについて、できる限り専門的な法律用語を使わず、平易な言葉で解説しており、改正法の基礎的な事項を学ぶことができます。「事例編」では特に税理士が携わることが予

測される改正項目及び改正に関わる関連項目について、具体的な法律問題を通じて税務上の対処方法等を学べます。また「フォーカス」では、実務で特に重要性が高い項目をピックアップし解説しております。具体的には＜法務局より「長期間にわたり相続登記等がされていないことの通知（お知らせ）」（改正後「相続登記の申請義務違反により義務の履行を催告する」旨の通知 ）が届いた場合の対処方法＞、＜共有名義の不動産に係る固定資産税納税通知書は誰宛に送付されるか＞、＜相続土地国庫帰属制度の利用方法＞等の項目があります。

　本書の読み進め方として、まずは「法務基礎編」により改正等の基礎を理解し、その後「事例編」を読んで頂くことをお勧めします。また、「事例編」を読みながら、該当する論点について「法務基礎編」のQ&Aに立ち返り、論点を確認するとさらに改正法の内容を具体的事例の中で、深く理解することができます。

　執筆は、編著者である遠藤常二郎（弁護士）、大畑智宏（税理士）のほか諸岡亜衣子（弁護士）、飯塚順子（弁護士）、長瀬恵利子（弁護士）、谷口理絵（司法書士）が分担（分担箇所は執筆者紹介に記載）して行いました。各専門分野の知識と経験を活かし執筆しております。また本改正等に係る税務部分の関係法令が執筆時点（令和5年7月31日現在）において未達であり、取り扱いが明確になっていない部分があることを申し添えます。

　本書が税理士業務等に携わる方、並びに関係する各方面において、役立てられることを切に願います。また本書の刊行にあたり、株式会社税務研究会の藤田隆氏、加藤徳之氏、鈴木雅人氏に多大のご尽力を賜りました。心より感謝申し上げます。

令和5年9月

弁護士　遠藤　常二郎

税理士　大畑　智宏

目　次

🔍 フォーカス

凡例

1. 本書の内容

本書は民法等一部改正法について2部構成で解説をしております。まず第1部の法務基礎編で同法の理解を深めます。続いて第2部の事例編では実務における同法に関連する法務及び税務の取り扱いについて事例を通じて解説しております。

2. 本書の構成

本書の構成は次のとおりです。

・第1部　法務基礎編

民法等一部改正法の内容をQ&Aにて解説しております。

・第2部　事例編

民法等一部改正法に関わる事例（間接的に関わる事例を含む）について、法務及び税務面から解説しております。

・🔍フォーカス

実務上、特に重要と思われる項目及び手続き等をピックアップし解説しております。

3. 法令の略称

民法等一部改正法 ‥‥‥ 民法等の一部を改正する法律

民 ‥‥‥‥‥‥‥‥‥‥ 民法等一部改正法による改正のない民法

新民 ‥‥‥‥‥‥‥‥‥ 民法等一部改正法による改正後の民法

旧民 ‥‥‥‥‥‥‥‥‥ 民法等一部改正法による改正前の民法

新非訴法 ‥‥‥‥‥‥‥ 民法等一部改正法による改正後の非訟事件手続法

新不登法 ‥‥‥‥‥‥‥ 民法等一部改正法による改正後の不動産登記法

相続土地国庫帰属法 ‥‥ 相続等により取得した土地所有権の国庫への帰属に関する法律

相続土地国庫帰属令 ‥‥ 相続等により取得した土地所有権の国庫への帰属に関する法律施行令

所有者不明土地特措法 ‥ 所有者不明土地の利用の円滑化等に関する特別措置法

土地基 ‥‥‥‥‥‥‥‥ 土地基本法

借借法 ‥‥‥‥‥‥‥‥ 借地借家法

通法 ……………… 国税通則法
通令 ……………… 国税通則法施行令
通規 ……………… 国税通則法施行規則
通基通 …………… 国税通則法基本通達
所法 ……………… 所得税法
所令 ……………… 所得税法施行令
所基通 …………… 所得税基本通達
法法 ……………… 法人税法
相法 ……………… 相続税法
相令 ……………… 相続税法施行令
相規 ……………… 相続税法施行規則
相基通 …………… 相続税法基本通達
評基通 …………… 財産評価基本通達
措法 ……………… 租税特別措置法
措令 ……………… 租税特別措置法施行令
措通 ……………… 租税特別措置法関係通達
登法 ……………… 登録免許税法
耐令 ……………… 減価償却資産の耐用年数等に関する省令
耐通 ……………… 耐用年数の適用等に関する取扱通達
地法 ……………… 地方税法

掲載例
（所法2①一）→所得税法第2条第1項第1号

4. 立法資料・公表資料

法務省資料…法務省民事局「令和3年民法・不動産登記法改正、相続土地国庫
帰属法のポイント」（全体版）【令和4年10月6日更新】版
https://www.moj.go.jp/content/001377947.pdf

法務省マスタープラン…相続登記の申請義務化の施行に向けたマスタープラン【令
和5年3月22日掲載】
https://www.moj.go.jp/content/001393077.pdf

中間試案補足説明…民法・不動産登記法（所有不明土地関係）等の改正に関する中間試案の補足説明（令和 2 年 1 月）

http://www.moj.go.jp/content/001312344.pdf

国土交通省・低未利用土地資料…「低未利用土地の利活用促進に向けた長期譲渡所得 100 万円控除制度の利用状況について」国土交通省　不動産・建設経済局、不動産市場整備課（令和 4 年 7 月 25 日）

https://www.mlit.go.jp/report/press/content/001491974.pdf

国土交通省・所在把握資料…「所有者の所在の把握が難しい土地に関する探索・利活用のためのガイドライン」（第 3 版（令和元年 12 月公表））

https://www.mlit.go.jp/totikensangyo/totikensangyo_tk2_000125.html

5.　参考文献の略語

佐藤・嘆願書…佐藤謙一「減額更正等の期間制限を巡る諸問題―更正の請求期間を経過した後などに提出される「嘆願書」の取扱いを中心として ―」（税務大学校論叢 57 号、平成 20 年 6 月 20 日）

村松・令和 3 年改正法…村松秀樹編「Q&A 令和 3 年改正民法・改正不登法・相続土地国庫帰属法」（きんざい、2022）

尾﨑・実質所得者課税…尾﨑洋介「不動産所得に係る実質所得者課税の原則について」（税務大学校論叢 102 号、令和 3 年 6 月）

小柳・換価遺言…小柳誠「換価遺言が行われた場合の課税関係について」（税務大学校論叢 85 号、平成 28 年 6 月 30 日）

八ツ尾・相続財産法人…八ツ尾順一「相続財産法人は法人税等の申告をすべきか～主として特別縁故者との関係から～」（税研 222 号、2022 年）

6. 判例の表記

最高裁判所令和〇年〇月〇日判決…最判令〇.〇.〇
〇〇高等裁判所令和〇年〇月〇日判決…〇〇高裁〇.〇.〇

※本書は令和 5 年 7 月 31 日現在の法令、通達によっています。

第1部　法務基礎編

はじめに

 法改正の全体像について

民法等の一部を改正する法律（民法等一部改正法）及び相続等により取得した土地所有権の国庫への帰属に関する法律（相続土地国庫帰属法）が成立したようですが、どのような内容でいつから施行されますか。

 **大きく次の 2 つの制度の見直し及び
1 つの制度の創設がされました。**

1　登記がされるようにするための不動産登記制度の見直し

　相続登記・住所変更登記の申請義務化や、相続登記・住所変更登記の手続きの簡素化・合理化などがなされます。

　施行日について、相続登記義務化関係の改正については令和 6 年 4 月 1 日、住所変更登記義務化関係の改正については公布日（令和 3 年 4 月 28 日）後5年以内の政令で定める日（政令は未制定）です。

2　土地を手放すための制度（相続土地国庫帰属制度）の創設

　相続等により土地の所有権を取得した者が、法務大臣の承認を受けてその土地の所有権を国庫に帰属させることができる制度です。

　施行日は令和 5 年 4 月 27 日です。

3　土地・建物等の利用に関する民法の規律の見直し

　所有者不明土地管理制度等の創設がされ、共有者が不明な場合の共有物の利用の円滑化、長期間経過後の遺産分割の見直しなどがされました。

　施行日は令和 5 年 4 月 1 日です。

第1章

相続登記義務化等

（相続登記義務化）

Q1 相続登記の要否

亡くなった父からマンションを相続しました。ただし、登記名義を変更するのには費用がかかります。登記は亡父の名義のままにしていても問題ないでしょうか。

A1

いいえ、登記名義も変更して下さい。特に、令和6年4月1日からは、相続によって不動産の所有者が変わった場合、登記の所有名義も相続人に移すことが義務になります（新不登法76の2）。お父様が亡くなり、あなたが不動産を相続したことがわかった日（原則的には相続開始日）から3年以内に、登記の申請をしなければなりません。遺言によってマンションを相続した場合は、そのような遺言があることを知った日から3年以内に登記をして下さい。また、遺産分割協議の場合には、その成立の有無により次のチャートによる対応が必要となります。なお、相続後3年以内に遺産分割協議が成立しない場合は、「相続人申告登記」が必要となります（Q3）。

【相続登記の申請義務化に伴う必要な対応】（令和6年4月1日以降に相続開始）
法務省マスタープラン別紙をもとに作成

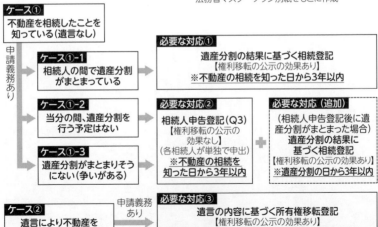

※民法改正により、相続開始の時から10年を経過した後にする遺産の分割については、原則として、具体的相続分を考慮せず、法定相続分又は指定相続分により行うこととされた。
(注)このフロー図は、不動産の相続に関する典型的なケースにおいて、通常想定される対応を示したものである。

Q2 相続登記を行わない場合、どのような罰則があるか

Q1において、登記上は亡父名義のまま放置してしまった場合、罰則などはありますか。

A2　相続によって所有者が変わった場合は、登記上も名義を変えなければなりません。令和6年4月1日以降は、正当な理由（**参考** 正当な理由）がないのに登記名義を変えなかった場合は罰則（10万円以下の過料（【手続きのイメージ】参照））も適用されるようになりますのでご注意下さい（新不登法164 ①）。

【手続きのイメージ】(法務省資料P9をもとに作成)

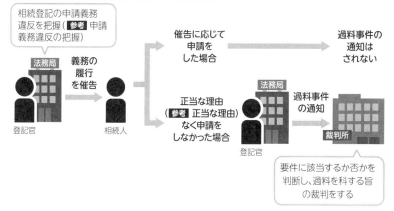

参考 正当な理由

（注）正当な理由（法務省マスタープラン P5-6）

ア 数次相続が発生して相続人が極めて多数に上り、かつ、戸籍関係書類等の収集や他の相続人の把握等に多くの時間を要する場合

イ 遺言の有効性や遺産の範囲等が争われているために不動産の帰属主体が明らかにならない場合

ウ 相続登記の申請義務を負う者自身に重病等の事情がある場合

エ 相続登記の申請義務を負う者がDV被害者等であり、その生命・身体に危害が及ぶおそれがある状態にあって避難を余儀なくされている場合

オ 相続登記の申請義務を負う者が経済的に困窮しているために登記に要する費用を負担する能力がない場合

> **参考** 申請義務違反の把握
>
> 　登記官による相続登記の申請義務違反の把握の端緒としては、例えば、次のような場合が想定されるとしています（法務省マスタープランP5）。
> (1) 相続人が遺言書を添付して遺言内容に基づき特定の不動産の所有権の移転の登記を申請した場合において、当該遺言書に他の不動産の所有権についても当該相続人に遺贈し、又は承継させる旨が記載されていたとき。
> (2) 相続人が遺産分割協議書を添付して協議の内容に基づき特定の不動産の所有権の移転の登記を申請した場合において、当該遺産分割協議書に他の不動産の所有権についても当該相続人が取得する旨が記載されていたとき。

Q3　相続後3年以内に相続登記を行うことが難しい場合、どのように対応すべきか

　法改正により、不動産についてはその相続後3年以内に登記名義を変更する必要があるようですが、父の相続について遺産分割協議が長引き、相続人である兄と私のどちらが遺産であるマンションを相続するかが決まらないままこのまま3年が経過してしまいそうです。このような場合は、どのように対応すればよいですか。

A3

　相続登記ができないまま3年が経過しそうな場合、まず考えられるのは、新しく設けられた「相続人申告登記」を申請することです（新不登法76の3。なお「相続人申告登記」についてはQ4参照）。

　「相続人申告登記」は、相続人の立場であれば申請できますし、他に相続人がいる場合でも一人で申請できます。なお、遺産分割協議中はお兄様とあなたとで半分ずつ（すなわち法律上の相続割合のとおり）の割合で共有しているので、お兄様とあなたとで半分ずつ共有しているとの内容で所有権移転登記を行っておくことも可能ではあります。いずれにせよ、お兄様との遺産分割協議が成立した日から3年以内に、協議で決まっ

たとおりに、登記名義人を変更して下さい。

　なお、3 年以内に遺産分割協議が成立しているか否か等により、相続人がすべき登記申請の内容は次のとおりとなります（【相続人がすべき登記申請の内容】参照）。

【相続人がすべき登記申請の内容】(法務省資料 P5 をもとに作成)

○3年以内に遺産分割が成立しなかったケース（図解参照）

- ▶まずは、3年以内に相続人申告登記の申出（法定相続分での相続登記の申請でも可）を行う。
- ▶その後に遺産分割が成立したら、遺産分割成立日から3年以内に、その内容を踏まえた相続登記の申請を行う。
- ▶その後に遺産分割が成立しなければ、それ以上の登記申請は義務付けられない。

○3年以内に遺産分割が成立したケース（図解参照）

- ▶3年以内に遺産分割の内容を踏まえた相続登記の申請が可能であれば、これを行えば足りる。
- ▶それが難しい場合等においては、3年以内に相続人申告登記の申出（法定相続分での相続登記の申請でも可）を行った上で、遺産分割成立日（死亡日ではない）から3年以内に、その内容を踏まえた相続登記の申請を行う。

○遺言書があったケース

- ▶遺言（特定財産承継遺言又は遺贈）によって不動産の所有権を取得した相続人が取得を知った日から3年以内に遺言の内容を踏まえた登記の申請（相続人申告登記の申告でも可）を行う。

3年以内に遺産分割が成立しなかったケース（法務省資料P6をもとに作成）

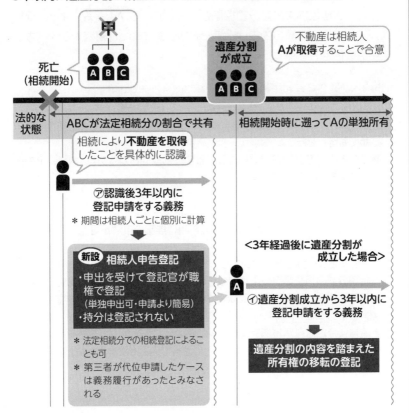

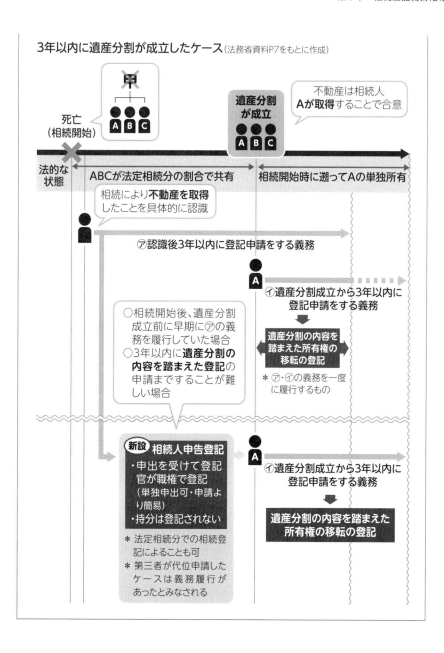

3年以内に遺産分割が成立したケース (法務省資料P7をもとに作成)

Q4　「相続人申告登記」とはどのようなものか

新しく設けられた「相続人申告登記」について教えて下さい。

A4

「相続人申告登記」は、①登記上の不動産の所有者が亡くなった（すなわち相続が開始した）ことと、②ご自身がその相続人であることについて、登記官に申し出ることで行われます（新不登法76の3）。登記簿に載るのは、申出をした方の氏名や住所等です。「相続人申請登記」を申し出ることは、本当にその不動産を相続して所有者になるかどうかとは関係がありません。「相続人申告登記」は職権で行われる登記（職権登記）ですので、登録免許税はかかりません（登法5二）。

（登記簿のイメージ）

権利部（甲区）（所有権に関する事項）			
順位番号	登記の目的	受付年月日・受付番号	権利者その他の事項
1	所有権移転	昭和○年○月○日 第○○○号	原因　昭和○年○月○日売買 所有者　○市○町○番地 法務太郎
付記1号	相続人申告	令和6年○月○日 第○○○号	原因　令和6年○月○日相続開始 法務太郎の申告相続人 ○市○町○番地 法務花子

Q5　遺贈により不動産を取得した場合の登記手続きはどのように変更されたか

叔母の遺言書に、生前叔母が所有していたマンションを私に「遺贈する」と書いてありました。そのマンションの登記の名義を私に変えたいのですが、登記の手続きは私一人だけでできますか。また、もし父の遺言書に、マンションを私に「相続させる」と書いてあった場合はどうですか。

A5

　　はい、法改正により令和5年4月1日以降は一人でできるようになりました（新不登法 63 ③）。これまでは、登記をするには、遺言書の中で遺言執行者が指定されている場合はその人、遺言執行者が指定されていない場合は相続人全員に協力してもらう必要があったので、法改正によって登記手続きが簡便になったといえます。遺言によってあなたがマンションを取得したことがわかってから3年以内に、登記をして下さい（新不登法 76 の2①後段）。

　なお、お父様の遺言書に「相続させる」と書いてあった場合は、法改正前から、あなた一人で登記手続きができることに変わりはありません。ただし、この場合も、遺言によってあなたがマンションを取得したことがわかってから3年以内に、登記をして下さい（新不登法 76 の2①前段）。

> **＜コラム＞　「相続させる」と「遺贈する」**
>
> 　「相続させる」と「遺贈する」は、どちらも遺言書の中で見られる言葉ですが、似て非なるものです。
>
> 　「相続させる」は、文字どおり、相続をさせるという意味であり、相続人に財産を取得させたいときに使う言葉です。
>
> 　一方、「遺贈する」は、遺言によって贈与するという意味であり、通常、相続人以外の人に財産を譲りたいときに使う言葉です。贈与は誰に対してでもできますので、法人などの団体に対しても遺贈できます。
>
> 　相続人以外の人には「相続させる」ことはできませんが、相続人に「遺贈する」ことは、理論的には可能です。ただし、もし遺言書に「遺贈する」と書かれていた場合は、遺贈を受けた人が法定相続人であったとしても、あくまで、相続したのではなく、遺言により贈与を受けたものとして取り扱うことになり、例えば、借地権付き建物が遺贈さ

れた場合は、借地権の譲渡に関し地主の承諾が必要となります。法改正により、遺贈の場合でも不動産の移転登記を簡便に行えるようにはなりましたが（Q5参照）、依然として手続き面でのコストが生じるので、注意が必要です。

【遺言書の記載内容の例（遺言書があったケース）】(法務省資料P8をもとに作成)

「不動産をAに遺贈する」　＝ 相続人に対する遺贈
（新不登法76の2①後段）

「不動産をAに相続させる」＝ 特定財産承継遺言
（新不登法76の2①前段）

➡ いずれの場合も、相続人Aは、遺言により不動産を取得したことを知った日から3年以内に遺言の内容を踏まえた登記申請をする義務を負う

【相続登記の申請義務の内容とその履行方法について】(法務省資料P8をもとに作成)

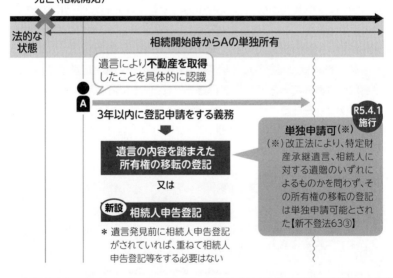

死亡（相続開始）

法的な状態

相続開始時からAの単独所有

遺言により**不動産を取得**したことを具体的に認識

A

3年以内に登記申請をする義務

遺言の内容を踏まえた所有権の移転の登記

又は

新設 相続人申告登記

＊ 遺言発見前に相続人申告登記がされていれば、重ねて相続人申告登記等をする必要はない

R5.4.1 施行

単独申請可(※)
(※)改正法により、特定財産承継遺言、相続人に対する遺贈のいずれによるものかを問わず、その所有権の移転の登記は単独申請可能とされた【新不登法63③】

Q6 法改正前に相続された不動産の相続登記の要否

　　法改正により、令和6年4月1日以降は、不動産を相続した場合は登記の名義も変更しなければならなくなったと聞きました。ただし、私の父は法改正より前に亡くなり、私はすでに父の土地を相続しています。登記の名義は変更せず放置していても問題ないでしょうか。

A6 　　いいえ、令和6年4月1日より前に亡くなった方の土地などを相続した場合も、その登記名義は変更しなければなりません。ただし、令和6年4月1日から3年後までに申請すれば大丈夫です（改正法附則5⑥）。なお、もしそれに間に合わない場合は、期限内にまずは「相続人申告登記」（Q4参照）を申請して下さい。

【相続登記の申請の義務化関係】(法務省資料P10をもとに作成)

<施行日前に相続が発生していたケース>【改正法附則5⑥】

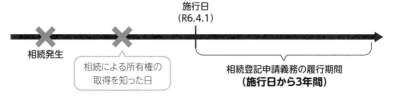

　　なお、遺言の有無、又は遺産分割協議の成立の有無により次のチャートによる対応が必要となります。

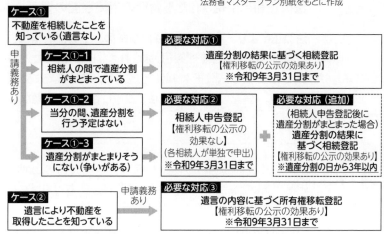

【相続登記の申請義務化に伴う必要な対応】(令和6年4月1日より前に相続開始)

法務省マスタープラン別紙をもとに作成

ケース①
不動産を相続したことを知っている(遺言なし)

申請義務あり

ケース①-1
相続人の間で遺産分割がまとまっている

→ **必要な対応①**
遺産分割の結果に基づく相続登記
【権利移転の公示の効果あり】
※令和9年3月31日まで

ケース①-2
当分の間、遺産分割を行う予定はない

→ **必要な対応②**
相続人申告登記
【権利移転の公示の効果なし】
(各相続人が単独で申出)
※令和9年3月31日まで

ケース①-3
遺産分割がまとまりそうにない(争いがある)

+ **必要な対応(追加)**
(相続人申告登記後に遺産分割がまとまった場合)
遺産分割の結果に基づく相続登記
【権利移転の公示の効果あり】
※遺産分割の日から3年以内

ケース②
遺言により不動産を取得したことを知っている

申請義務あり

→ **必要な対応③**
遺言の内容に基づく所有権移転登記
【権利移転の公示の効果あり】
※令和9年3月31日まで

※民法改正により、相続開始の時から10年を経過した後にする遺産の分割については、原則として、具体的相続分を考慮せず、法定相続分又は指定相続分により行うこととされた。
(注)このフロー図は、不動産の相続に関する典型的なケースにおいて、通常想定される対応を示したものである。

$Q7$　所有不動産記録証明制度とは何か

長い間離れて一人暮らしをしていた父が亡くなりました。私は父が生前どのような財産を持っていたのかわからず、相続税の計算もできません。せめて不動産の所有状況を確認できる良い方法はないでしょうか。

$A7$

新しくできた「所有不動産記録証明制度」(新不登法119の2)という制度を利用すれば、お父様が所有されていたすべての不動産のリスト(所有不動産記録証明書)を確認できます。お父様が不動産を所有していない場合は、不動産がないということが確認できます。所有不動産記録証明書の交付は、法務局で請求できます。請求できるのは、相続人や、遺言によってすべての財産を譲り受けた人です。

この制度は、令和8年4月までに開始される予定です。現状では、被相続人が不動産を所有していると考えられる市区町村を探し出しピックアップして、その市区町村ごとに固定資産名寄帳を取り寄せる必要がありま

したが（🔍**フォーカス 4. 固定資産（土地・家屋）名寄帳の入手方法**）、この法改正により、被相続人の所有する物件を一挙にもれなく把握することができるようになりました。

Q8 　住所変更登記等の申請の義務化と職権登記制度について

私は自宅以外に土地を所有しているのですが、この度、引越しをしました。引越しに伴い、所有している土地の登記上の私の住所も変更する必要がありますか。

A8 　はい、変更する必要があります。法改正により、住所変更した日から2年以内に、その変更登記を申請しなければならなくなりました（新不登法 76 の5）。正当な理由がないのにその申請を怠った場合は、5万円以下の過料に処するという罰則も設けられています（新不登法 164 ②）。

　なお、住民基本台帳ネットワークシステム(以下「住基ネット」といいます)と不動産登記システムを連携させるという新しい制度も設けられ（新不登法 76 の6（下図参照））、法務局側で定期的に住基ネットに照会をして住所変更の有無を確認し、変更があった際には、法務局側から所有者に対して連絡確認を行った上で、職権で住所変更登記を行うという運用も想定されています。この場合は、これをもって住所変更登記の義務は履行したものと取り扱われます。この住所変更登記の義務化は、令和 8 年 4 月までに施行される予定です（Q10）。

【他の公的機関との情報連携・職権による住所等の変更登記】

（法務省資料P13をもとに作成）

申請義務の実効性を確保するための環境整備策として、手続きの簡素化・合理化を図る観点から、登記官が他の公的機関から取得した情報に基づき、職権的に変更登記をする新たな方策も導入（新不登法76の6）

自然人の場合　住民基本台帳制度の趣旨等を踏まえ、本人による「申出」があるときに限定

❶ 所有権の登記名義人から、あらかじめ、その氏名・住所のほか、生年月日等の「検索用情報」の提供を受けておく

❷ 検索用情報等を検索キーとして、法務局側で定期的に住基ネットに照会をして、所有権の登記名義人の氏名・住所等の異動情報を取得することにより、住所等の変更の有無を確認する

❸ 住所等の変更があったときは、法務局側から所有権の登記名義人に対し、住所等の変更登記をすることについて確認を行い、その了解（「申出」と扱う）を得たときに、登記官が職権的に変更の登記をする

➡ 登記申請義務は履行済みとなる

Q9　所有権の登記名義人の死亡情報についての符号の表示について

買取りを検討している土地について登記を確認してみたところ、登記上の所有者が所有権を取得した時期がかなり古く、登記名義人はすでに亡くなっている可能性が高いと考えています。現時点での真の所有者を確認するには、どうすればよいでしょうか。

A9

　　これまでは、登記名義人の情報を辿って、地道に調査等を行う必要がありました。しかし、法改正により、登記官が他の公的機関（住基ネットなど）から登記名義人の死亡情報を取得できる仕組みができ（新不登法76の6（A8参照））、登記官は、死亡情報を取得した場合、職権によって、不動産登記に死亡の事実を符号で表示する制度が新設されました（新不登法76の4）。今後は、登記を見れば不動産の登記名義人の死亡の事実を確認することが可能となります。死亡の事実を確認後、戸籍を辿って法定相続人を確認するなどして、真の所有者を確認することになります。

【手続きのイメージ】(法務省資料P12をもとに作成)

死亡の有無について
所要の確認を実施(戸籍の確認等)

所有権の登記名義人について
死亡を示す符号を表示

住基ネット
など

死亡情報を取得
(※1)

法務局

死亡の事実が
認められる場合(※2)

法務局

不動産登記
システム

(※1)　住基ネットについては、所有権の登記名義人の住所等の変更情報を取得する仕組み【Q8参照】の中で、死亡情報も取得することが可能であるため、この仕組みを活用することを想定
(※2)　条文上は「権利能力を有しないこと」とされているが、差しあたり、法務省令で必要性の高い自然人を対象とすることとする予定

Q10　改正前に引越した場合、登記上の住所変更は必要か

自宅以外に所有している土地の登記について、かなり前に引越しをした際の住所変更をしていません。引越しは法改正前のことなので、住所の変更はしなくても問題ないでしょうか。

A10　いいえ、変更する必要があります。施行日(令和8年4月までの政令で定める日)から2年の間に、変更登記を行うようにして下さい(改正法附則5⑦)。

【住所変更登記等の申請の義務化関係】(法務省資料P16をもとに作成)

<施行日前に住所等変更が発生していたケース>【改正法附則5⑦】

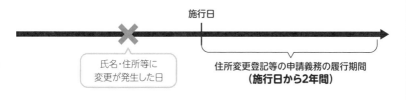

施行日

氏名・住所等に
変更が発生した日

住所変更登記等の申請義務の履行期間
(施行日から2年間)

Q11　登記上の現住所表示に例外はあるか

私は、ストーカー被害に遭い、警察に届け出て相手を逮捕してもらったことがあります。今は所有しているマンションから転居し、相手には居場所を隠していますが、法改正により、マンションの登記には必ず現住所を記載しなければならなくなり、相手が登記を見ればすぐに私の現住所がわかってしまうため、大変怖い思いをしています。現住所を知られずに済む措置はとってもらえるのでしょうか。

Q11　はい。ストーカー行為等の規制等に関する法律上の被害者等の場合は、登記事項証明書等を発行する際、現住所ではなく、それに代わる事項を記載する措置が新しくできました（新不登法 119 ⑥）。現住所に代わる事項とは、現時点では、例えば委任を受けた弁護士等の事務所や被害者支援団体等の住所、あるいは法務局の住所などが想定されています。その他、配偶者からの暴力の防止及び被害者の保護等に関する法律や児童虐待の防止等に関する法律上の被害者等の場合も、同じ措置をとることができます。

Q12　住所等の変更登記が登記官の職権で行われることはあるか

私が代表者を務める会社は、先日、商号を変更し、本店の住所も移転しました。法人登記の変更は行いましたが、会社が所有している多数の土地の所有権登記については、まだ何の手続きもとっていません。法改正により、土地の所有権登記についても、住所等変更の登記を申請する必要があると聞きましたが、正直とても面倒です。

Q12　ご理解のとおり、土地などの不動産について、登記名義人である会社の商号や住所が変わった場合、法改正後は、商号や住所の変更申請をしなければなりません。しかし、同時に法改正によって、不動産登記システムと法人・商業登記シス

テムとの連携が図られ、法人が名称や住所について法人登記の変更申請を行うと、その情報が登記官に共有されて、登記官が職権で住所変更登記等を行うこともできるようになりました（新不登法76の6）。なお、登記官が職権で住所変更登記等を行った場合、法人の登記申請義務は履行済みとなります。

【職権による住所変更登記等の手続きイメージ（法人の場合）】

（法務省資料P15 をもとに作成）

$Q13$ 外国居住者が所有する不動産登記の表示はどのようになるか

私はマンションを所有していますが、外国に移住することになりました。マンションの登記は、どのようにすればよいでしょうか。

$A13$ 法改正により、新たに「国内における連絡先」等が登記事項となりましたので、国内における連絡先となった者の氏名や住所等を登記して下さい。法人を国内連絡先とすることもできます（新不登法73の2①二）。

Q14 休眠登記を抹消する方法についてどのような改正が行われたか

私が最近購入した土地の登記の「乙区」（所有権以外の権利が記載されている部分）には、非常に古い「抵当権」の登記が残っています。調べてみると、抵当権の権利者として記載されている会社は、すでに今から30年以上前に解散しており、また、抵当権の被担保債権となった貸金の弁済期も今から30年以上前でした。当然、その会社の清算人の行方もわかりません。この抵当権の登記は、抹消できないでしょうか。

A14 法改正により、解散した法人の担保権（抵当権等）に関する登記について清算人の所在が判明せず、法人の解散後30年、かつ被担保債権の弁済期から30年が経過している場合には、所有者が単独で抹消を申請することができるようになりました。抹消にあたって、供託金を用意する必要もありません（新不登法70の2）。

＜コラム＞個人の債権者による古い抵当権登記が残っている場合

　取得した不動産の登記を確認すると、「乙区」に明治や大正、昭和初期に設定された抵当権の登記が残っていた、という話は珍しくありません。抵当権者が会社であった場合であれば、今後はＱ14のような処理ができますが、抵当権者が個人であった場合はどうでしょうか。

　本来は、抵当権者と共同して抹消登記申請を行うのが原則です。しかし、古い抵当権ですので、抵当権者は、所在どころか生死すら不明であるのが通常です。

　このような場合、裁判を起こし、被担保債権（消費貸借等）が時効で消滅した等の主張をして、抵当権登記を抹消せよという判決を得る方法が考えられます。裁判は、相手の所在が一定の調査を尽くしても不明であった場合は、判明している最後の住所を管轄する裁判所に訴状等を提出して提起します。裁判所の掲示板に「公示」と呼ばれる公式の掲示を行ってもらうことで、相手にも正式に連絡がついたものとみなされて審理が開始し、判決を得ることが可能になります。

第2章

共有物の利用促進
（変更・管理に関する見直し）

1 相隣関係

（1）隣地の使用

Q1 外壁工事のために隣地を
使用できるか

自宅の外壁工事のため、足場を組む必要が
あります。隣の土地にまたがっても問題あ
りませんか。

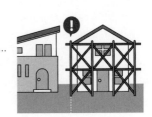

A1　あなたは、外壁工事のために必要な範囲で、隣地を使
用することができます（新民 209 ①）。なお、外壁工事な
どの一定の目的のために隣地を使用する場合は、隣の土
地の所有者や使用者（所有者以外でそこに住んでいる方など（以下、隣
地の所有者と使用者をあわせて「隣地使用者」といいます））の権利に配
慮する必要がありますので、隣地使用者に対する不利益が最も少ない日
時、場所、方法で行うようにして下さい（新民 209 ②）。

Q2 隣地の使用はどのような場合に認められるか

隣の土地の使用は、Q1の場合の他に、どんなときに認め
られますか。

A2　次のような目的であれば隣地使用が認められます（新民
209 ①各号）。
・障壁、建物その他の工作物の築造、収去、修繕
・境界標の調査、境界に関する測量
・越境した枝の切取り（Q 11参照）

Q3 外壁工事のため隣地を使用する場合、隣地使用者の承諾は必要か

Q1の場合において、隣地使用者の承諾を得る必要はありますか。

A3

　承諾は必要ありませんが、あらかじめ、その目的や日時、場所、方法を、隣地使用者に通知しなければなりません（新民209①、③）。事案によりますが、隣地使用者の準備のため、通常は2週間程度前に通知する必要があると考えられています。もっとも、自力執行は禁止されているのが大前提ですので、隣地使用者に使用を拒否されてしまった場合は、訴訟によって妨害を禁止する判決を得てからでないと隣地の使用ができません。

Q4 緊急に隣地を使用する場合、隣地使用者の承諾は必要か

Q1の場合において、自宅の外壁が剥離する危険があるため、急いで隣の土地を使用して工事をする必要があります。それでも、事前に隣地使用者に通知をする必要がありますか。

A4

　事前の通知がなくても構いません。ただし、隣地を使用し始めた後、遅滞なく、隣地使用者に通知をする必要があります（新民209③）。

（2）ライフライン設備の設置権等

Q5　給水管を引き込むために近隣の土地や設備を使用できるか

私の土地に給水管を引き込みたいと思っています。しかし、近隣の方の土地を通過して引き込むか、近隣の方が使っている設備を使用しなければ、引き込みができません。近隣の方の土地に給水管を設置したり、その方の設備を使用することは認められますか。

A5　はい。給水管のほか、電気、ガス、電話・インターネット回線などのライフラインの設備を引き込むため、他の土地に設備を設置したり、他人が所有するライフラインの設備を使用することができます（新民 213 の2①）。なお、給水管設備を地上に設置したことにより、その場所が継続的に使用できなくなる場合なども、土地の所有者・使用者に対して損害が生じていますので、使用料に相当する償金を支払う必要があります。この場合は、1年ごとに支払うこともできます（新民 213 の2⑤）。

$Q6$ 近隣の土地を通過させて新たな給水管を設置できるか

Q5の場合において、近隣の土地にすでに給水管が設置されています。これとは別に、近隣の土地を通過して新たに給水管を設置することはできますか。

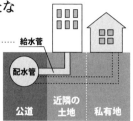

$A6$

すでに設置されている給水管に接続できる場合は、新たな給水管を設置することはできません。ライフラインの設備の設置や使用においては、他の土地や設備の所有者に対する配慮が必要ですので、その方々に最も不利益が及ばない場所や方法を選択する必要があります（新民 213 の2②）。

$Q7$ 土地または設備の権利者の承諾は必要か

Q5の場合において、近隣の土地や設備の所有者の承諾は必要ですか。

$A7$

承諾は必要ありませんが、あらかじめ、その目的や日時、場所、方法を、土地や設備の所有者や使用者に通知しなければなりません（新民 213 の2③）。事案によりますが、土地や設備の所有者・使用者の準備のため、通常は2週間から1ヶ月程度前に通知する必要があると考えられています。

もっとも、自力執行は禁止されているのが大前提ですので、これらの方に設備の設置や使用を拒否されてしまった場合は、訴訟によって妨害を禁止する判決を得てからでないと設置等ができません。

Q8　他人の土地上の木を除去した場合、賠償が必要か

Q5の場合において、給水管の設置工事に必要があり、他人の土地の梅の木を除去しました。これに対して、賠償をする必要はありますか。

A8　土地の所有者・使用者に対して損害が生じていますので、償金を支払う必要があります（新民 213 の2④、新民 209 ④）。

Q9　設備所有者が設備を使用できなくなることにつき、賠償が必要か

Q5の場合において、他人の水道管設備に接続工事を行うことになりました。工事の間、設備の所有者は一時的に設備を使用できなくなります。設備の所有者に対して、賠償をする必要はありますか。

A9　設備の所有者に対して、償金を支払う必要があります。このように、他人の設備の使用を始めるために損害が生じた場合は、設備の所有者に対して償金を支払う必要があります（新民 213 の2⑥）。

Q10 給水管を設置した後の修繕費用、維持費用の負担はどうなるか

Q9の場合において、その後の設備の修繕費用、維持費用などはどうなりますか。

A10 　あなたが利益を受ける割合に応じて、設置、改築、修繕、維持に要する費用を負担する必要があります（新民213の2⑦）。

（3）越境した竹木の枝及び根の切取り

$Q11$　隣地から越境した木を切り取ってもよいか

隣の土地の桜の木の枝が私の土地に越境しています。越境している枝を、私が切り取ることができますか。

$A11$　原則として、桜の木の所有者に枝を切除させる必要がありますが、次の場合は、あなたが自ら枝を切り取ることができます（新民 233 ①、新民 233 ③)。

・桜の木の所有者に枝を切除するよう要求しても、枝を切除するために必要な期間（※）内に切除をしないとき

・桜の木の所有者がわからないときやその所在がわからないとき

・急迫の事情があるとき

※　事案によりますが2週間程度が目安と考えられます。

$Q12$　越境した木の切除に要した費用を所有者に請求できるか

Q 11 の場合において、自分で桜の木の枝を切り取りました。切除に要した費用の支払いを桜の木の所有者に求めることはできますか。

$A12$　桜の木の所有者に対して、支払いを求めることができます。その根拠としては、あなたの土地所有権を侵害したことや、本来、桜の木の所有者が負担すべき枝の切除義務を免れたことが考えられます（民 703、民 709）。

Q13 複数の者で所有する越境した木の切除は、誰に要求するべきか

　Q11の場合において、隣の土地は、以前住んでいたおじいさんの子3人が相続し、そのため桜の木も子3人で所有していることが判明しました。そのうち一人は隣の家で生活をしていますが、他の2人は遠方に住んでいるようで、詳しい状況はわかりません。枝の切除の要求は、隣に住んでいる子の他、所有者であるほかの2人にも行う必要がありますか。

A13 　隣に住んでいる方に対して要求するだけで足ります。竹木が複数名による所有である場合は、それぞれが枝を切り取ることができるからです（新民233②）。

Q14 隣地から越境した根を切り取ってもよいか

隣の土地の桜の木の根が私の土地に越境しています。越境している根を、私が切り取ることはできますか。

A14 　切り取ることができます（新民233④）。

<コラム>越境した枝と根の扱いの違い
　Q11～Q13のように、隣地の竹木の枝が越境した場合は、所有者に切除させることが原則とされているのに対し、竹木の根が越境した場合は自ら切り取ることができます。この扱いは、民法改正前から変わっていません。
　枝と根で扱いを異にする理由として、根と比較して枝の方が高価

だからという説明がなされることがあります。しかし、根を切除すれば、竹木全体の生育に影響を及ぼすことがありますので、必ずしも、枝の方が高価とは言い切れないように思います。

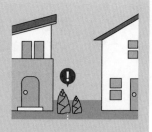

　ちなみに、タケノコは「根」なので、隣の竹林の地下から自分の土地に伸びてきたタケノコを収穫して食べても問題ありません。

2 共有物の利用促進

（1）共有物の管理・変更

Q1 共有の不動産を売却する場合、どの範囲の同意が
必要か

私と両親の3人で所有している自宅土地・建物を売却したいと考えています。両親の同意も必要ですか。

A1 　　必要です。複数人で所有している物のことを共有物、その所有者を共有者といいます。共有物の売却は、共有物の「変更」にあたり、共有者全員の同意が必要です（新民251 ①）（Q4【改正法における共有物の変更・管理・保存概念の整理】参照）。

Q2 共有物の「変更」は、どのようなものが該当するか

共有物の「変更」には、共有物の売却のほかにどんなものがありますか。

A2 　　例えば、建物の大規模な改修など物理的な変化を伴うものや、土地を農地から宅地に用途（登記上の「地目」）を変える場合など法律的な処分行為も含まれると考えられています。共有物の売却も、法律的な処分行為の一種です。

Q3　共有の土地を舗装する場合、どの範囲の同意が必要か

私と両親でそれぞれ1/3の割合で所有している砂利道をアスファルトに舗装したいと考えています。母の同意を得ていますが、父は重度の認知症のため、この行為を理解できず、同意を得ることができません。父の同意がないと舗装工事はできないのでしょうか。

A3

　　あなたのお父様の同意がなくても、舗装工事をすることができます。アスファルト舗装は物理的に変更を加える行為ですが、「形状又は効用の著しい変更を伴わないもの」にあたると考えられます（新民251①）。「形状又は効用の著しい変更を伴わないもの」、すなわち、軽微な変更は、共有者の「管理」に関する事項として、共有者の持分の価格の過半数で決定することができます（新民252①）。

　あなたとあなたのお母様の同意があれば持分の価格の過半数を超えますので、共有物の「管理」として、アスファルト舗装工事ができます（Q4【改正法における共有物の変更・管理・保存概念の整理】参照）。

Q4　「形状又は効用の著しい変更を伴わないもの」とはどのようなものか

共有者全員の同意を必要としない「形状又は効用の著しい変更を伴わないもの」とはどのようなものですか。

A4

　　「形状の変更」とはその外観、構造等を変更すること、「効用の変更」とは、その機能や用途を変更することをいいます。法務省の説明では、具体的な事案によりますが、Q3

のケースの砂利道のアスファルト舗装のほか、建物の外壁や屋上防水などの大規模修繕工事は、その形状や効用の著しい変更を伴わないと考えられています。共有物の「変更」と「管理」を整理すると次のようになります。

【改正法における共有物の変更・管理・保存概念の整理】

（法務省資料 P31 をもとに作成）

管理（最広義）の種類		根拠条文	同意要件
変更（軽微以外）		新民 251 ①	共有者全員
管理（広義）	変更（軽微）	新民 251 ①・252 ①	持分の過半数
	管理（狭義）	新民 252 ①	
保存		新民 252 ⑤	共有者単独

$Q5$　共有の建物を賃貸する場合、どの範囲の同意が必要か

私と両親でそれぞれ1/3の割合で所有しているマンションを、第三者に賃貸したいと考えています。父の同意を得ていますが、母は重度の認知症のため、この行為を理解できず、同意を得ることができません。母の同意がないと賃貸はできないのでしょうか。

$A5$　通常の賃貸借契約をする場合は両親の同意（共有者全員の同意）が必要ですが、例外的に3年以内に終了する賃貸借であれば、あなたとお父様の同意があれば可能です。

共有物については、持分の価格の過半数の定めがあれば、第三者に対して、短期間だけ、貸したり、使用させることができます（新民 252 ④）。共有物の種類と、賃借権等を設定できる期間の上限は以下のとおりです。

【共有物の種類と、賃借権等を設定できる期間の上限】

共有物の種類	期間の上限
樹木の植栽又は伐採を目的とする山林	10 年
上記以外の土地	5 年
建物	3 年
動産	6 ヶ月

　　通常の賃貸借契約の場合は、3年以内の期間を定めたとしても借地借家法の適用により3年で終了することが確実とは言えませんので注意が必要です。この場合は、共有者全員の同意によって賃貸する必要があります。一時使用目的での契約（借借法 25、借借法 40）、定期建物賃貸借契約（借借法 38 ①）とするなどの工夫が必要です。なお、土地を駐車場として賃貸する場合は、借地借家法の適用がありません。第 2 部事例編の事例 7 及び 8 をご参照下さい。

Q6　遺産分割をする前に遺産である建物を賃貸することができるか

親から、私（A）を含む子3人（A、B、C）でマンションを相続しました。遺言はなく、相続分の指定がされておらず遺産分割はまだ終わっていません。遺産分割をするまでの間に、第三者に賃貸することができますか。

A6　マンションは、法定相続分に従って、1/ 3ずつの割合で共有されている状態です（新民 898 ②。これを「遺産共有」といいます）。遺産共有の場合も、Q5の場合と同じく、通常の賃貸借契約をする場合は 3 人全員の同意が必要ですが、存続期間が3年以内の定期建物賃貸借契約（借借法 38 ①）など短期の賃貸借契約であれば、あなたともう一人が賛成していれば、締結することが可能です。

（2）共有物の使用に関するルール

Q7 共有中の建物に住むことはできるか

　　Q6の場合において、私は、相続したマンションに住んでいます。共有者のBから自分の会社の事務所として使用させるよう求められています。私はマンションから出ていかなければならないのでしょうか。

A7 　　Bが会社の事務所として使用することにBとCが同意していれば、あなたはマンションから出ていかなければなりません。共有物を共有者の一人が使用していても、共有物を誰が使用するかは、共有物の「管理」に関する事項として、持分価格の過半数の決定で定めることになるからです（新民 252 ①後段）。

　　なお、共有物を使用している共有者が配偶者居住権に基づいて建物に居住しているケースでは、別途、配偶者居住権の消滅の要件を満たさない限り、配偶者居住権が存続しますので注意が必要です。

Q8 共有持分の過半数の反対がある場合、必ず共有中の建物を退去する必要があるか

Q7の場合において、私は身体上の理由で他に住居を探すのは容易ではありません。他方で、共有者のBは、他にも候補物件があるようです。それでも、BとCが、Bの会社の事務所として使用することに賛成していれば、私はマンションから出ていかなければならないのでしょうか。

A8 　　あなたが拒否すれば、マンションに住み続けて構いません。持分価格の過半数による決定が、共有物を使用している共有者に対して特別の影響を及ぼす場合は、その共有者の承諾を得る必要があります（新民 252 ③）。あなたが他に住居を探すのが容易ではないのに対して、Bが他の物件を利用することが可能

であれば、あなたがマンションを出ていくことについて受忍すべき程度を超えて不利益が生じるので、「特別の影響を及ぼす場合」に該当すると考えられます。

$Q9$　共有中の建物に住む場合、他の共有者に金銭の支払いが必要か

Q8の場合において、私は、相続したマンションに住んでいます。BやCに居住料のような金銭を支払う必要はありますか。

$A9$

あなたは、BやCに対して、持分1/3を超える使用の対価を支払う必要があります。ただし、3人の間で、あなたが無償で居住できるなどの合意があれば、その合意が優先されます（新民249②）。

（3）賛否を明らかにしない共有者がいる場合の管理

$Q10$　賛否を明らかにしない共有者がいる場合、土地を舗装することができるか

私（A）を含め親族5人（A、B、C、D、E）で共有している砂利道があり、アスファルト舗装工事をしたいと考えています。持分はそれぞれ1/5です。Bは同意していますが、Cは反対しています。DとEは遠方に住んでおり、長年交流がなく、連絡をしても、賛否を明らかにしてくれません。

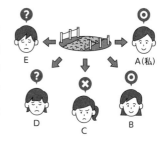

DとEの意思が確認できないと、舗装工事はできないのでしょうか。

$A10$　裁判所の決定を得て、あなたとBの同意でアスファルト舗装をすることができます。砂利道をアスファルト舗装する行為は、共有物の管理に関する事項として、共有者の持分価格の過半数で決定できます（共有物の利用促進 Q4 参照）。DとEのように共有者の中に賛否を明らかにしない共有者がいる場合は、裁判所の決定により、賛否を明らかにしない共有者を除く共有者の持分の過半数で、管理に関する事項を決定することが可能です（新民 252 ②二）。裁判所の具体的な手続きは、次のとおりです。

【手続きの流れ】(法務省資料P33をもとに作成)

※　賛否を明らかにしない共有者に加えて所在等不明共有者がいるときは、この手続きと併せて別の手続き(A11参照)もとることで、それ以外の共有者の決定で管理をすることが可能

・裁判所が対象共有者に対して賛否明示期間内に賛否を明らかにすべき旨を通知
・賛否を明らかにした共有者がいる場合には、裁判所は、その共有者については認容決定ができない(後の共有者間の決定においてその共有者を排除することができない)

事前の催告　→　申立て・証拠提出　→　1ヶ月以上の賛否明示期間・通知　→　他の共有者の同意で管理をすることができる旨の決定　→　共有者間での決定

共有者が、他の共有者(複数でも可)に対し、相当の期間(通常は2週間程度)を定め、決定しようとする管理事項を示した上で、賛否を明らかにすべき旨を催告
※　催告の方法に法律上制限はないが、裁判で証明する観点から、書面等で行って証拠化しておくことも重要

【管轄裁判所】
共有物の所在地の地方裁判所
【賛否不明の証明】
事前催告に対して対象共有者が賛否を明らかにしないことの証明が必要
【対象行為の特定】
決定しようとする管理事項を特定する必要

（4）所在等不明共有者がいる場合の管理・変更

$Q11$　所在がわからない共有者がいる場合、共有の不動産を賃貸できるか

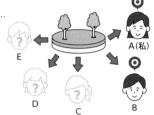

私（A）を含め親族5人（A、B、C、D、E）で共有している土地があり、第三者に対して建物所有目的で賃貸したいと考えています。持分はそれぞれ1/5です。Bは同意していますが、C、D、Eは長年交流がなく、調査をしても、その所在がわかりません。C、D、Eの意思が確認できないと土地の賃貸借はできないのでしょうか。

$A11$

　　裁判所の決定を得て、あなたとBの同意をもって、土地を賃貸することができます。建物所有目的での土地の賃貸借は、共有物の「変更」行為にあたり、共有者全員の同意が必要です（新民251①）。しかし、C、D、Eのように、必要な調査を尽くしても所在がわからない共有者がいる場合は、裁判所の決定を得て、所在がわからない共有者を除く共有者全員の同意により、共有物に変更を加えることができます（新民251②）。裁判所の具体的な手続きは、次のとおりです。

【手続きの流れ】（法務省資料P34をもとに作成）

申立て・証拠提出 → 1ヶ月以上の異議届出期間・公告の実施 → 他の共有者の同意で変更・管理をすることができる旨の決定 → 共有者間での意思決定

【管轄裁判所】
　共有物の所在地の地方裁判所
【賛否不明の証明】
　例えば、不動産の場合には、裁判所に対し、登記簿上共有者の氏名等や所在が不明であるだけではなく、住民票調査など必要な調査を尽くしても氏名等や所在が不明であることを証明することが必要
【対象行為の特定】
　加えようとしている変更や、決定しようとする管理事項を特定して申立てをする必要

Q12 所在がわからない共有者がいる場合、共有の不動産を短期間だけ賃貸できるか

私（A）を含め親族5人（A、B、C、D、E）で共有している建物があり、第三者に対し、賃借期間2年の定期建物賃貸借をしたいと考えています。持分はそれぞれ1/5です。Bは同意していますが、Cは反対しています。D、Eは長年交流がなく、調査をしても、その所在がわかりません。DとEの

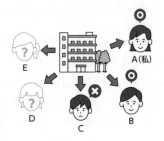

意思が確認できないと、建物の賃貸借はできないのでしょうか。

A12

　　　　裁判所の決定を得て、あなたとBの同意をもって、賃借期間2年の定期建物賃貸借契約を締結することが可能です。賃借期間2年の定期建物賃貸借契約は、共有物の「管理」に関する事項として、共有持分の価格の過半数で定めることが可能です（新民252④三、共有物の利用促進Q5参照）。しかし、DとEのように、必要な調査を尽くしても所在がわからない共有者がいる場合は、裁判所の決定を得て、所在がわからない共有者を除く共有者の持分の過半数により、共有物の管理に関する事項を定めることができます（新民252②一）。裁判所の具体的な手続きは、A11【手続きの流れ】を参照して下さい。

（5）共有物の管理者

Q13　共有している不動産の管理者を置くことはできるか

親から、私を含む子3人で実家の土地・建物を相続し、共有しています。いまは誰も使用していませんが、いずれ誰かがそこに住む予定で、しばらくは維持しておきたいと考えています。建物の管理者を置くことはできますか。

A13　はい。共有物の持分価格の過半数で管理者を選任したり、解任することができます（新民 252 ①）。

Q14　共有物の管理者は共有者以外でもよいか

Q13 の場合において、管理者を、共有者以外の第三者にすることはできますか。

A14　はい。管理者は、共有者以外でも構いません。

Q15　共有物の管理者は何ができるか

Q13 の場合において、管理者を定めました。管理者は、どんなことができますか。

A15　管理者は、「管理」に関する行為（形状又は効用の著しい変更を伴わないもの（共有物の利用促進 Q3、Q4 参照）も含む）ができます（新民 252 の2①）。なお、共有者が管理に関する事項を決定した場合は、管理者は、その決定に従う必要があります（新民 252 の2③）。

$Q16$ 共有者の決定と管理者がした行為との関係はどうなるか

Q 13 の場合において、管理者を定めました。管理者は、共有者以外の第三者です。私たち子の間で、持分の過半数をもって私がそこに住むことを決定しましたが、私が住み始める前に、管理者が、実家を第三者に賃貸してしまいました。管理者による賃貸借契約はどうなるのでしょうか。

$A16$

　　管理者による賃貸借契約は、あなた方共有者に対する関係では効力を生じません。管理者は、共有者が共有物の管理に関する事項を決定した場合は、その決定に従って職務を行わなければならないからです（新民 252 の2③、新民 252 の2④）。しかし、実家を借りた第三者が、その賃貸借があなた方共有者の決定に違反することを知らなかった場合は、その第三者が保護され、第三者が実家を借りることになります（新民 252 の2④ただし書）。

第3章

共有関係の解消・促進

（1）裁判による共有物分割

Q1　共有関係を解消するにはどのような方法があるか

父とその親族が5人で共有
していた土地について、父
の持分を相続しました。私以外の共有者
は高齢で、このままだと、私の子どもが
この土地の持分を相続したときに、共有
者がわからず、連絡がつかないなど迷惑
をかけてしまうかもしれません。そこで、
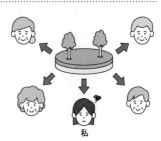
この土地の共有関係を今のうちに解消したいと思っています。どんな方
法がありますか。

A1

大きくわけて、協議で分割する方法と、裁判を利用した
分割方法があります。

協議によって分割する場合は、土地を持分に応じて物理
的に分ける方法（現物分割）、第三者に売却して売却代金を持分に応じ
て分ける方法（換価分割）、土地を共有者の一人または複数の所有にし、
共有物を取得した者が他の共有者に賠償金を支払う方法（賠償分割）が
あります。

裁判で分割する場合は、現物分割（【現物分割】参照）、競売によって
第三者に売却して売却代金を持分に応じて分ける方法（競売分割）、賠償
分割の方法があります（新民258②、新民258③）。整理すると、以
下のようになります。

【分割方法】

協議による分割方法	裁判による分割方法
現物分割	現物分割
換価分割（任意で売却）	競売分割（競売を利用して売却）
賠償分割	賠償分割

【現物分割】

| 分割前 | A 1/5 | B 1/5 | C 1/5 | D 1/5 | E 1/5 |

↓

| 分割後 | A | B | C | D | E |

Q2　裁判で共有関係を解消する場合、分割方法はどのように決まるのか

Q1の場合において、裁判で土地を分割する場合、できれば金銭で解決し、土地を手放すことを希望しています。裁判所が定める分割方法に優先順位はありますか。

A2

裁判所は、まず、現物分割または賠償分割ができるかどうかを検討し、これらによる分割ができない場合や、分割をすると共有物の価値を著しく減少させるおそれがある場合は、最終的に競売分割を命じます（新民258②、新民258③）。現物分割や賠償分割ができるかどうかは、対象となる共有物の性質や形状、共有者の希望やその合理性等様々な要素を考慮して判断されます（最判平8.10.31）。

Q3　裁判で賠償分割が命じられる場合、どのような内容になるのか

Q1の場合において、裁判で賠償分割を命じられることになれば、土地を取得する人が支払うべき金銭の額も明示されるのでしょうか。

A3

はい。土地を取得する共有者から、土地を手放す共有者に対する金銭の支払いや登記に関する義務等が命じられることがあります（新民258④）。

（2）遺産共有の場合の共有物解消

Q4　　共有状態になる経緯にはどのようなものがあるか

例えば、土地が共有状態になる経緯には、どのようなものがありますか。

A4　　　ある土地を購入した際、夫一人の名義ではなく、一部資金を出した妻の名義も

入れることにすると、その土地は、夫と妻の共有となります（通常共有）。また、父が亡くなり、父が所有していた土地について、父の相続人である母と子が遺産分割協議をせずにおり、母と子とのどちらが取

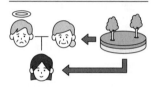

得するか決まっていないままの間、その土地は、母と子が法律に定められた割合で共有している状態となります（遺産共有）。

Q5　　遺産共有状態を解消するにはどのような手続きをとるか

すでに父は亡くなっていますが、父の相続人である母と私とは、これまで父の財産を分ける遺産分割協議をしていませんでした（遺産共有）。この度正式に、生前父が所有していた土地を母と分割したいと考えていますが、どのようにすればよいですか。

A5　　　遺産共有状態の解消には遺産分割協議（新民907①）を行う必要があります。お母様とあなたとで話し合って、合意した内容を遺産分割協議書にまとめることになります。

話し合いがまとまらない場合は、家庭裁判所に遺産分割の調停または審

判を申し立てます（民907②）。原則として、地方裁判所等における共有物分割請求訴訟で分割することはできません。

Q6 通常共有と遺産共有が併存している場合に共有関係を解消するにはどのような手続きをとるか

父が、父の弟と共同で購入し、父と父の弟とで共有していた土地がありました。父は10年以上前に亡くなったのですが、父の相続人である私と母との間ではまだ遺産分割協議をしていません。この土地の共有状態を解消するにはどのような方法がありますか。

A6　この土地には、通常共有（お父様とお父様の弟）と遺産共有（お母様とあなた）の状態が重なっています。一見、共有物分割と遺産分割とを別個に行う必要があるようにも見えますが、お父様が亡くなってから10年以上が経過しているため、改正民法では、遺産分割部分も含めて、地方裁判所等での共有物分割請求によって一挙に分割することが可能です（新民258の2②、新民258の2③）。なぜなら、あなたとお母様との間の遺産分割では原則として特別受益や寄与分は考慮されず、単に法律に定められた割合（あるいは遺言書があり、遺言書中に分け方の割合について指定がある場合はその割合）によって分割することになり（新民898②）、細かな調整は予定されないため、遺産共有関係の解消について個別に遺産分割手続きを踏む必要がないからです。

　本ケースでは地方裁判所等の共有物分割の判決により、あなたが単独所有権を取得し、父の弟及び母が代償金を取得することで共有状態を解消することができます。

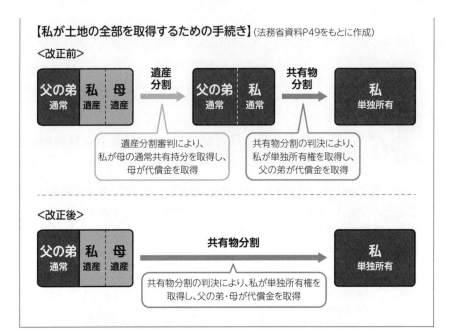

【私が土地の全部を取得するための手続き】（法務省資料P49をもとに作成）

<改正前>

| 父の弟 通常 | 私 遺産 | 母 遺産 | → 遺産分割 | 父の弟 通常 | 私 通常 | → 共有物分割 | 私 単独所有 |

遺産分割審判により、私が母の通常共有持分を取得し、母が代償金を取得

共有物分割の判決により、私が単独所有権を取得し、父の弟が代償金を取得

<改正後>

| 父の弟 通常 | 私 遺産 | 母 遺産 | → 共有物分割 | 私 単独所有 |

共有物分割の判決により、私が単独所有権を取得し、父の弟・母が代償金を取得

（3）所在等不明共有者の不動産の持分の取得

$Q7$ 　所在がわからない共有者がいる場合、その共有者の持分を取得できるか

土地を、私と叔父、叔母の3人で共有しています。しかし、叔父とは長年交流がなく、調査をしても所在がわからず、連絡がとれません。叔父の持分を取得することはできますか。

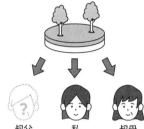

叔父　　私　　叔母

$A7$ 　裁判所の決定を得て、所在が不明な叔父様の持分を取得することができます（新民262の2）（🔍**フォーカス 10. 所在等不明共有者の不動産の持分の取得方法**（新民262の2））。この場合、裁判所に申立てを行い、Bの持分に相当する額を供託することで、持分を取得することになります。Bの持分に相当する額（供託額）は、裁判所が、不動産鑑定士の評価書や固定資産税評価証明書、査定書などをもとに、時価相当額として算定すると考えられます。裁判所の具体的な手続きは、次のとおりです。

　なお、裁判所の決定によって持分を取得した場合も、第三者に対抗するには登記が必要です（民177）。

　また裁判所は、所在等不明共有者の共有持分に係る土地等について、必要があると認めるときは、他の共有者の請求により、所有者不明土地管理人による管理を命ずる処分（新民264の2）をすることができます（第6章Q1）。

【手続きの流れ】（法務省資料P37をもとに作成）

【供託命令】
　具体的な金額は裁判所が決定
【供託金に関する消滅時効】
　申立人が持分を取得し、所在等不明共有者が現れないまま
供託金還付請求権が消滅時効にかかった場合には、供託金
は確定的に国庫に帰属

【持分の取得時期】
申立人が持分を
取得するのは、裁
判の確定時

申立て証拠提出	異議届出期間等の公告・登記簿上の共有者への通知	3ヶ月以上の異議届出期間等の経過	時価相当額の金銭の供託	取得の裁判

【管轄裁判所】
不動産の所在地
の地方裁判所

【所在等不明共有者の異議】
所在等不明共有者が異議の届出をして所在等が判明すれば、
裁判の申立ては却下。異議届出期間経過後であっても裁判前
であれば届出が可能
【申立人以外の共有者の異議】
異議届出期間満了前に、共有物分割の訴えが提起され、かつ、
異議の届出があれば、その訴訟が優先し、持分取得の裁判の
申立ては却下

Q8 裁判所の決定を得るために、他の共有者との協力は必要か

Q7の場合において、裁判所の決定を
得るべく手続きを進めたいのですが、
叔母とは仲が悪く、連絡をとりたくあ
りません。裁判所の決定を得るために
は、叔母の協力が必要でしょうか。

叔父　　私　　叔母

A8

　あなたが叔母様を当事者として裁判の手続きをする必要
はありません。ただし、叔父様の持分の取得を求める手続
きを申立てると、裁判所が、他の共有者である叔母様に
も、裁判の申立てがなされたこと等を通知します。これにより、叔母様は、
あなたとは別に持分の取得を求める裁判を申立てたり、裁判所に対して
法的な異議を述べることができるようになります（新民262の2②）。

Q9　他の共有者の持分の取得に対価は必要か

Q7 の場合において、裁判所の決定で叔父の持分を取得する場合、無償で取得することができますか。

A9

いいえ。裁判所は、あなたが持分を取得する決定を出す前に、あなたが取得する持分の時価相当額の金銭の供託を求めます。ここでいう時価相当額は、他の共有者（ここでは叔母様）がいることにより使用・収益・処分等が制限された共有持分の評価額になるため、2〜3割程度減価された額となることが想定されています。

実際にあなたが持分を取得する決定が出されると、叔父様はあなたに対して持分の時価相当額の支払いを求めることができるようになり、供託金から支払いを受けることになります（新民 262 の2④)。なお、叔父様が現れないまま供託金還付請求権が消滅時効にかかると、供託金は国庫に帰属することになります（**Qフォーカス 9. 所在等不明共有者の供託金の還付請求権は最終的にはどうなるのか**)。

$Q10$　相続人による共有の場合でも、所在がわからない共有者の持分を取得できるか

親が亡くなり、法定相続人は私（A）を含む子3人（A、B、C）です。遺産の中に実家の土地・建物があり、取得者を決めなければなりませんが、調査をしてもBの所在がわからず、遺産分割ができません。私やCがBの持分を取得することはできますか。

$A10$

相続開始から10年が経過した場合は、Q7の場合と同様に、裁判所の決定を得て、あなたやCが、Bの持分を取得することが可能です（新民262の2③）。一方で相続開始から10年を経過していない場合には、持分の取得はできません。

$Q11$　複数の共有者が持分の取得を請求した場合は、どのような割合で取得するのか

Q7の場合において、私と叔母は、それぞれ叔父の持分の取得を求めて、裁判所の決定を得たいと思います。この場合、私と叔母が取得する持分の割合はどのように定められますか。

$A11$

あなたと叔母様は、それぞれが有している持分の割合で按分して、叔父様の持分を取得することになります（新民262の2①後段）。例えば、あなたが1/2、叔母様と叔父様がそれぞれ1/4ずつの持分を有していた場合、叔父様の持分1/4について、あなたがその2/3（全体の2/12）を、叔母様はその1/3（全体の1/12）を取得することになります。

（4）所在等不明共有者の持分の譲渡

$Q12$ 所在がわからない共有者の持分を売却することができるか

土地を叔父と叔母の3人で共有しています。私と叔父は、この土地を売却して手放したいと考えています。しかし、叔母とは長年交流がなく、調査をしても所在がわからず、連絡がとれません。叔母の持分も併せて売却することはできますか。

$A12$ 裁判所の決定を得て、所在が不明な叔母様の持分も売却することができます（新民 262 の 3）（🔍**フォーカス 10. 所在等不明共有者の不動産の持分の取得方法**）、（🔍**フォーカス 11. 所在等不明共有者の不動産の持分の譲渡方法**）と所在等不明共有者の不動産の持分の譲渡（新民 262 の 3）の比較）。この場合、裁判所に申立てを行い、叔母様の持分に相当する額を供託することで、裁判所の決定を得ることになります。叔母様の持分に相当する額（供託額）は、裁判所が、不動産鑑定士の評価書や固定資産税評価証明書、査定書などをもとに、時価相当額として算定すると考えられます。この決定は、申立人に所外等不明者の持分の譲渡権限を付与するものですので、決定を得た後、裁判外で売却をする必要があります。

　また裁判所は、所在等不明共有者の共有持分に係る土地等について、必要があると認めるときは、他の共有者の請求により、所有者不明土地管理人による管理を命ずる処分（新民 264 の 2）をすることができます（第6章 Q1）。

　裁判所の具体的な手続きは、次のとおりです。

【手続きの流れ】(法務省資料P38をもとに作成)

(例) 土地の共有者A、B、CのうちCが所在等不明である場合に、Aの申立てにより土地全体を第三者に売却するケース

Aによる申立て・証拠提出	3ヶ月以上の異議届出期間・公告の実施	時価相当額を持分に応じて按分した額の供託	C持分の譲渡権限をAに付与する裁判	A・B→第三者土地全体を売却

- ・管轄裁判所は不動産の所在地の地方裁判所
- ・所在等不明の証明が必要

時価の算定にあたっては、第三者に売却する際に見込まれる売却額等を考慮

誰に、いくらで譲渡するかは、所在等不明共有者以外の共有者の判断による

$Q13$　売却に反対する共有者がいる場合、所在がわからない共有者の持分を売却することができるか

Q12の場合において、叔父が売買に反対しています。このような場合でも、裁判所から私や叔母の持分を売却する決定を得ることは可能ですか。

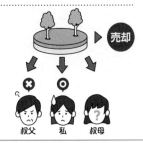

叔父　　私　　叔母

$A13$　いいえ。叔母様のように所在が不明な共有者の持分の譲渡を裁判所に認めてもらうには、他の共有者全員も第三者に持分を譲渡することに同意している必要があります(新民 262 の3①)。

Q14　相続人による共有の場合でも、所在がわからない共有者の持分を売却することができるか

親が亡くなり、法定相続人は私（A）を含む子3人（A、B、C）です。遺産の中に実家の土地・建物があり、取得者を決めなければなりませんが、調査をしてもBの所在がわからず、遺産分割ができません。私とCは、この土地・建物を早く売却したいと考えています。Bの持分も併せて売却することはできますか。

A14

相続開始から10年が経過した場合は、Q12の場合と同様に、裁判所の決定を得て、Bの持分もあわせて売却することが可能です（新民262の3②）。一方で相続開始から10年を経過していない場合には、持分の売却はできません。

Q15　所在がわからない共有者の持分を売却した場合の売却代金はどうなるか

Q12の場合において、私に叔母の持分を譲渡する裁判所の決定が出たので、決定に基づいて土地を売却しました。叔母の持分に相当する売却代金はどうなりますか。

A15

裁判所の決定に基づいて売却をしたとき、叔母様は、あなたに対して、不動産の時価相当額のうち持分に応じた額の支払いを求めることができるようになります（新民263条の3③）。ただし、あなたは裁判所の手続きの中で、売却額を見越して叔母様の持分に対する時価相当額の金銭の供託をしているので、叔母様は、実際にはその供託金をもって支払いを受けることになります。

　なお「不動産の時価相当額のうち持分に応じた額」は持分の全部を譲渡することを停止条件としているため、共有持分の取得の場合と異なり、共有減価は適用されません（中間試案補足説明P39）。

Q16　裁判所からの供託命令に対し、譲受人が供託をすることができるか

Q12 の場合において、裁判所に叔母の持分を譲渡するよう申立て、供託命令が出ました。買主として見込まれる方に、私に代わって供託をしてもらうことはできますか。

A16

　可能と考えられます。裁判所の供託命令は、持分の譲渡権限を取得する申立人に対して発せられます（新非訟法 88 ②において準用する新非訟法⑤）。そのため、供託権者は申立人であるあなたになりますが、買主として見込まれる方が供託をしても、その目的を達することができ、所在がわからない叔母様に不利益を及ぼすものではないため、買主として見込まれる方による第三者供託が可能であると解されます（ **参考** 第三者供託）。

参考 第三者供託
「第三者によって供託がされたとしてもその目的は達成することができ、所在等不明共有者に特段の不利益を生じさせるものでないと考えられるため、第三者による供託をすることは許されると解される」
（村松・令和 3 年改正法 145 頁以下）。

第4章

相続土地国庫帰属制度・
相続財産管理制度

（相続土地国庫帰属制度）

Q1　相続土地国庫帰属制度の利用場面

亡くなった父の遺産の中の一つとして、山奥の土地があります。価値はほとんどなく、これを相続してしまうと、かえって維持管理費ばかりがかかります。いっそ寄附することなどはできないのでしょうか。

A1

これまでは、他の遺産は相続しつつ土地だけを手放すことができる制度はありませんでした。しかし、法改正により、新しく「相続土地国庫帰属制度」ができました（相続等により取得した土地所有権の国庫への帰属に関する法律。以下「相続土地国庫帰属法」といいます）。

この制度を用いることができれば、預貯金などは相続する一方で、相続したくない土地については国庫に帰属させることが可能になります。「相続土地国庫帰属制度」については、Q2以下を参照して下さい。

Q2　相続土地国庫帰属制度とはどのようなものか

「相続土地国庫帰属制度」とはどのような制度ですか。

A2

相続や遺贈によって取得した土地を手放し、国庫に帰属させることを可能とする制度です（相続土地国庫帰属法1）。

ただし、利用には要件があるので、以下のQ3を参照して下さい。この制度は令和5年4月27日から開始されます。制度開始前に相続等により取得していた土地についても、利用できます。

Q3 相続土地国庫帰属制度はどのような者が利用できるか

相続土地国庫帰属制度は、誰でも利用できるのですか。

A3　　基本的には、相続や遺贈によって土地の所有権を取得した人であれば利用できます（相続土地国庫帰属法2①）。

　　制度の開始前の相続や遺贈による場合でも、利用可能です。もし、国庫に帰属させたい土地が共有地である場合は、相続や遺贈によって持分を取得した人を含んだ共有者全員で申請を行って下さい。この場合、相続や遺贈により持分を取得したわけではない人が混ざっていても構いません（相続土地国庫帰属法2②）。また、申請の相談については、法務省「相続土地国庫帰属制度に関するQ&A（令和5年3月30日）」にて、下記のとおり記載されています。

・申請の相談は承認申請をする土地が所在する都道府県の法務局・地方法務局（本局）の不動産登記部門（登記部門）で受け付けています。なお、土地が遠方にある場合など、承認申請先の法務局・地方法務局（本局）への相談が難しい場合は、お近くの法務局・地方法務局（本局）でも相談が可能です。

・相談にあたっては、法務省ホームページに掲載している、（1）相続土地国庫帰属相談票、（2）チェックシートの2点を記入し、お持ちください。相談票・チェックシートをお持ちいただいていない場合は、相談を行う前に用紙に記入していただくことになります。また、適切な相談対応のため、相談したい土地の登記事項証明書、登記所備付地図の写し、所有権や境界に関する資料、土地の形状・全体がわかる写真など参考になりそうな資料はできる限りお持ちいただくことをお勧めします。

・国庫帰属以外の土地の活用方法の相談については、承認申請者の同意がある場合、承認申請後に地方公共団体といった関係機関に土地の情報提供を行い、土地の有効活用の可能性を確認する運用が予定されています。

Q4 相続土地国庫帰属制度はどのような土地について利用できるか

相続土地国庫帰属制度の対象にならない土地は、どのような土地ですか。

A4　　　　通常の管理や処分をするのにあたり、過大な費用や労力が必要となる土地が対象外となります（相続土地国庫帰属法2③、5①、相続土地国庫帰属令2、3）。具体例としては以下のものがあります。

・土地上に建物、あるいは撤去が容易でない樹木等がある
・担保権や賃借権などが設定されている
・通路など、他人による使用が予定されている
・土壌汚染や埋蔵物がある
・境界が明らかでない、あるいは所有権について争いがある
・危険な崖（勾配が30度以上であり、かつ、その高さが5m以上であること等）がある
・土砂の崩壊、地割れ、陥没等の土地の状況に起因する災害が発生するおそれがある土地で、人の身体等に被害が生ずるおそれがあり、その被害の拡大等を防止するために現場に変更を加える措置（軽微なものを除く）を講ずる必要があるもの

Q5 「相続土地国庫帰属制度」の利用の流れ

相続土地国庫帰属制度の利用の流れは、どのようなものですか。

A5　以下のとおりです。

①　相続人が法務局へ申請します。共有の場合は共有者全員で申請します。なお、申請書は原則、所有者本人が作成する必要がありますが、弁護士、司法書士、行政書士に書類作成を代行してもらうことも可能です。

②　法務局により審査が行われます（審査完了までの期間は承認申請の受付後、半年〜 1 年程度の期間がかかるものと思われます）。なお、審査手数料が、土地一筆あたり 14,000 円かかります。

③　現地調査等が行われます。申請者や関係者に事情聴取等が行われることもあります。

④　審査結果が通知されます。承認の場合、「負担金」（Q6 参照）の額も通知されます。

⑤　負担金を納付します（通知から 30 日以内）。

納付時に、所有権が国庫に引き継がれます。

期限内に納付しない場合は、承認の効力が失われます。

詳しくは「🔍**フォーカス 14. 相続土地国庫帰属制度の利用方法**」を参照して下さい。

【手続きのイメージ】(法務省資料P21をもとに作成)

 ❶ **承認申請**　➡️　❷ **法務大臣
(法務局)による
要件審査・承認** ➡️　❸ **申請者が10年分の
土地管理費相当額の
負担金を納付**

❹　**国 庫 帰 属**
(【登記事項証明書のイメージ】)

【申請権者】
　相続又は遺贈(相続人に対する遺贈
に限る)により土地を取得した者
　※共有地の場合は共有者全員で申請する
　　必要あり

※申請時に測量の実施や境界確認書の提出は
　不要(土地の範囲を示せば足りる)とする方向
　で検討中

・実地調査権限あり
・国有財産の管理担当部局等に調査への
　協力を求めることができる
・運用において、国や地方公共団体に対し
　て、承認申請があった旨を情報提供し、土
　地の寄附受けや地域での有効活用の機
　会を確保

【登記事項証明書のイメージ】

権利部（甲区）（所有権に関する事項）			
順位番号	登記の目的	受付年月日・受付番号	権利者その他の事項
1	所有権移転	令和○年○月○日 第○○○号	原因　相続等により取得した土地所有権の国庫への帰属に関する法律第11条第1項の規定に基づく令和○年○月○日所有権の国庫帰属

Q6 相続土地国庫帰属制度にかかる費用の目安

相続土地国庫帰属制度を利用するために、費用はかかりますか。

A6

　はい（相続土地国庫帰属法10）。審査手数料のほか、承認を受けられた場合には、負担金として、10年分の土地管理費用に相当する額の納付が必要となります。負担金の目安は原則20万円程度とされていますが、例外として、面積に応じて計算されるものがいくつかあります。例えば、いわゆる市街地は200㎡程度で約80万円ほど、いわゆる農地は500㎡程度で約72万円ほど、いわゆる森林は2,000㎡程度で約25万円ほどとなる見込みです。

　なお法務省ホームページ上（https://www.moj.go.jp/MINJI/minji05_00471.html）で負担金の自動計算シートがアップされています。

【負担金算定の具体例】(法務省資料P24をもとに作成)

❶ 宅地	面積にかかわらず、**20万円**
	ただし、一部の市街地(注1)の宅地については、面積に応じ算定(注2)	(例)100㎡ 約55万円 200㎡ 約80万円 ⋮ ⋮
❷ 田、畑	面積にかかわらず、**20万円**
	ただし、一部の市街地(注1)、農用地区域等の田、畑については、面積に応じ算定(注2)	(例) 500㎡ 約72万円 1,000㎡ 約110万円 ⋮ ⋮
❸ 森林	面積に応じ算定(注2)	(例)1,500㎡ 約27万円 3,000㎡ 約30万円 ⋮ ⋮
❹ その他 ※雑種地、原野等	面積にかかわらず、**20万円**

（注1）　都市計画法の市街化区域又は用途地域が指定されている地域。
（注2）　面積の単純比例ではなく、面積が大きくなるにつれて1㎡あたりの負担金額は低くなる。

負担金計算の特例　承認申請者は法務大臣に対して、隣接する2筆以上の土地について、一つの土地とみなして、負担金の額を算定することを申し出ることができる(相続土地国庫帰属令5)。

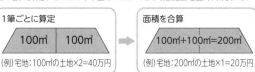

(例)隣接する2筆の土地を申請する場合
（例：市街化区域外の宅地）

1筆ごとに算定　100㎡　100㎡　→　面積を合算　100㎡＋100㎡＝200㎡
(例)宅地:100㎡の土地×2＝40万円　(例)宅地:200㎡の土地×1＝20万円

（相続財産管理制度）

Q7　特別縁故者が相続財産を取得するにはどのような手続きをとるか

内縁の夫が亡くなりました。内縁の夫に相続人はいないと聞いています。私は法律上相続人ではありませんし、遺言書もありません。内縁の夫と私は、内縁の夫所有のマンションで暮らしていました。私がこのマンションの所有者になって、ここで暮らしていく方法はありますか。

A7

　あなたは亡くなった方の「特別縁故者」（民 958 の3）にあたります。特別縁故者が亡くなった方の遺産（相続財産）を取得できるのは、亡くなった方にお金を貸しているなどの債権を主張する人（債権者）がおらず、または債権者がいたとしても、その返済等の後にも相続財産に残りがあり、さらに、亡くなった方の相続人もいなかった場合です。債権者や相続人の有無は、家庭裁判所で選ばれた「相続財産清算人」（新民 952 ①）が官報に掲載することなどで確認します（「公告」といいます）。

　特別縁故者として、まずは家庭裁判所に対し、相続財産清算人の選任申立てを行い、相続財産清算人の公告等の業務が終わったときにマンションが残っていたら、相続財産分与の申立て（民 958 の3）をして下さい。なお、もしもあなたが取得しなかった相続財産があった場合、それらは最終的に国庫に帰属します（民 959）。

Q8　相続財産清算人による手続きの期間はどのくらいか

Q7の場合、「相続財産清算人」による手続きは、どのくらい時間がかかりますか。

A8

　法改正によって、短い場合は半年余りで終わるようになりました。①相続財産清算人が選任されたことの公告（新民 952 ②）、②相続債権者等に対し請求の申出をすべき

旨の公告（新民 957 ①）、③相続人捜索の公告（民 958）が必要ですが、これまでは①から③までを順番に行わなければならなかったところ、法改正により、①と③は一つの公告で行えるようになり、かつ②も同時に並行することができるようになりました（新民 952 ②、新民 957 ①）。

【相続人不存在の相続財産の清算手続きの見直し】(法務省資料P44をもとに作成)

＜問題の所在＞

　現行民法では、相続人のあることが明らかでない場合における相続財産の清算手続きにおいて、①相続財産管理人の選任の公告、②相続債権者等に対する請求の申出をすべき旨の公告、③相続人捜索の公告を、順に行うこととしているが、それぞれの公告手続きを同時にすることができない結果、権利関係の確定に最低でも10ヶ月間を要する。

➡ 相続財産の**清算に要する期間が長期化**し、必要以上に手続きが重くなっている。

＜改正法＞

○**選任の公告と相続人捜索の公告を統合して一つの公告で同時に行う**とともに、これと**並行して、**相続債権者等に対する**請求の申出をすべき旨の公告**を行うことを可能にする。
(新民952②、新民957①)

➡ **権利関係の確定に最低必要な期間を合計6ヶ月へと短縮。**

○あわせて、その職務の内容に照らして、相続人のあることが明らかでない場合における「相続財産の管理人」の**名称**を「**相続財産の清算人**」に改正。

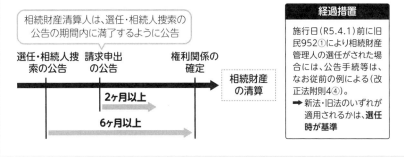

Q9 相続財産清算手続きに関する法改正の施行日

相続人不存在の場合の相続財産の清算手続きに関する法改正は、いつ施行されますか。

A9 施行日は、令和5年4月1日です。この施行日より前に裁判所で相続財産清算人（旧・相続財産管理人）の選任がなされているかどうかで、旧法・新法の適用がわかれることになっています。

第5章

遺産分割の時的限界

（遺産分割の時的限界）

Q1 具体的相続分を主張できる期間にはどのような制限があるか

父が亡くなり、相続人である姉と私とで遺産分割協議をする必要がありますが、協議もせずに長い時間が経ってしまいました。姉は、姉の自宅マンションを購入する際に父から多額の資金援助を得ているので、私としてはこれを踏まえて財産を分けるべきだと主張したいのですが、気が重く、なかなか始動できません。協議に期限はあるのでしょうか。

A1

遺産分割協議自体には期限はありません。ただし、令和5年4月1日施行の改正民法では、お父様が亡くなってから10年が経過すると、原則として、お姉様が特別な資金援助を受けたこと（特別受益）の主張はできなくなり、単に法律で定められたとおりの割合（法定相続分）、あるいは遺言書に割合が明示されている場合はその割合（指定相続分）によって分割することになります（民904の3）。特別受益を考慮して遺産を分けたい場合は、できるだけ早めに協議を行いましょう。

なお、例えば、かつて家業が窮地に陥った際に多額の資金援助をしたことで家業を維持することができた場合など、親の財産の維持や増加のために特別の貢献をしたという主張（寄与分の主張）（民904の2①）をしたい場合も、上記同様、10年経過前に協議を行う必要があります。

Q2 具体的相続分を主張できる期間について例外的取り扱いはあるか

改正民法では、父が亡くなってから10年が経過すると、姉との遺産分割協議において、姉がかつて父から多額のマンション購入資金をもらったことが考慮される余地は一切ないのでしょうか。

A2

改正民法でも、次に掲げる場合例外的に考慮されます。

①　10年が経過する前に家庭裁判所に遺産分割の調停や審判を申し立てた場合（新民904の3①一）

②　10年の期間が満了する前の6ヶ月以内に、あなたに遺産分割請求をすることができないやむを得ない理由があった場合で、そのやむを得ない事由が止んだ時から6ヶ月が経過する前に、あなたが家庭裁判所に遺産分割の調停や審判の申立てをした場合（新民904の3①二）

③　相続人全員が特別受益等を考慮した遺産分割をすることに合意した場合

Q3 改正民法施行前の相続の場合、具体的相続分を主張できる期間に制限はあるか

父が亡くなったのが改正民法の施行日（令和5年4月1日）より前である場合は、改正民法は適用されず、遺産分割協議がどれだけ先になっても、姉が父から多額のマンション購入資金をもらったことを主張できるのですか。

A3

いいえ、必ずしもそうなりませんので注意が必要です。改正民法の施行日（令和5年4月1日）より前にお父様が亡くなっていても、原則として改正民法が適用され、亡くなってから10年が経過すると、特別受益の主張はできなくなります。例外は、Q4を参照して下さい。

$Q4$ 改正民法施行前に相続開始した場合の具体的相続分主張の期間制限の考え方

父の遺産について遺産分割協議を行う際は、姉が父から多額のマンション購入資金の援助を受けたことをぜひ主張したいです。しかし、父は改正民法の施行日（令和4年5月1日）より随分前に亡くなっており、今から遺産分割調停を申し立てるにも、準備が終わらないうちに、おそらく父の死後10年を経過してしまいます。改正民法が施行された以上、もう特別受益の主張はあきらめなければならないでしょうか。

$A4$

　　　　　いいえ、改正民法は、施行日から5年間は施行が猶予されるので（改正法附則3）、その間であれば、お父様の死後10年を経過した後でも特別受益の主張をすることができます。猶予期間となっているので、その間に家庭裁判所に遺産分割請求をすれば可能です。

【具体的相続分による遺産分割の時的限界（経過措置）】(法務省資料P48をもとに作成)

（A）施行時に相続開始からすでに10年が経過しているケース
　　　…施行時から5年の経過時が基準

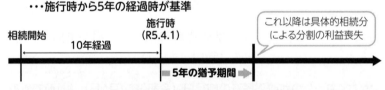

（B）相続開始時から10年を経過する時が施行時から5年を経過する時よりも前に来るケース
　　　…施行時から5年の経過時が基準

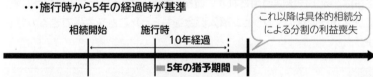

（C）相続開始時から10年を経過する時が施行時から5年を経過する時よりも後に来るケース
　　　…相続開始時から10年の経過時が基準

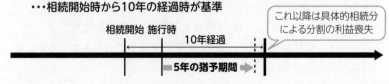

第6章

その他

（所有者不明土地・建物管理制度）

Q1　所有者不明土地・建物管理制度はどのように活用できるか

駅前に、雑草などが生い茂って荒れ放題となっている空地があり、これを自治体で取得して公園として整備し、有効活用したいと考えています。しかし、登記を調べても、その名義人は何十年も前に亡くなっており、現在の所有者が不明なので、誰に買取りの交渉をすれば良いのかわかりません。何か良い方法はないでしょうか。

A1

　民法等一部改正法によって、所有者がわからない土地や建物について必要がある場合は、裁判所が、利害関係人（公共事業の実施者など不動産の利用・取得を希望する者、共有地における不明共有者以外の共有者）からの申立てを受けて、その土地や建物について管理命令を出すことができるようになりました（所有者不明土地・建物管理制度。土地につき新民 264 の 2、建物につき新民 264 の 8）。公共事業の実施者は利害関係人にあたり、この制度を利用できると考えられます。

　ただし、申立てにあたっては予納金の納付が必要です。裁判所が管理命令を出すと、裁判所が選任した所有者不明土地・建物管理人が、その土地や建物の管理処分権を有することになります（新民 264 の 3①）。管理人が無事選任されたら、管理人に対し、土地の買取りについて交渉することになります。

（管理不全土地・建物管理制度）

Q2 管理不全土地・建物管理制度はどのように活用できるか

長い間、隣の空地の雑草などが生い茂って荒れ放題となり、害虫なども発生して、私の家にも汚損や虫害が生じ、大変困っています。隣地の登記を調べ、その名義人に対し、損害賠償を請求して支払ってもらったのですが、依然として土地の管理をしてくれないので、結局荒れ放題のままとなって、被害が止まりません。隣地の適切な管理を登記名義人以外の誰かにお願いする方法はないでしょうか。

A2

民法等一部改正法によって、所有者による管理が適切に行われていない土地や建物について、近隣に被害を与えるおそれがある場合は、裁判所が、利害関係人（倒壊のおそれが生じている隣地所有者、被害を受けている者）から申立てを受けて、その土地や建物について管理命令を出すことができるようになりました（管理不全土地・建物管理制度。新民264の9①）。隣地が荒れていることで被害を被っているのであれば、あなたは利害関係人として、この命令の申立てができる立場にあります。

　ただし、申立てにあたっては予納金の納付が必要です。裁判所が管理命令を出すと、実際には、裁判所が選任した管理不全土地・建物管理人が、その土地や建物を、責任をもって管理することになります（新民264の9②、新民264の10①）。管理人が無事選任されたら、管理人に対し、適切な土地の管理をお願いして下さい。

第２部　事例編

第1章

数次相続関係等

事例 1

相続財産が新たに発見された場合の相続税申告の要否

　令和×9年10月に●●法務局の登記官より母宛に（●●県●●市●●町●番 - ●の私道50㎡（父の先代名義となっており固定資産税は公衆用道路として非課税、財産評価基本通達上では特定の者の通行の用に供される私道（以下「発見財産」とする）））につき「相続登記の申請義務違反により義務の履行を催告する」旨の通知がありました。発見財産は先代名義のものですが、先代の相続人は父のみでした。そのため父が先代から引き継ぐべきものと思われますが、今まで父宛に固定資産税の納税通知書の送付はありませんでした。

　父はすでに亡くなっており、発見財産について父の遺産として把握がされていなかったため遺産分割協議の対象とされていませんでした。この場合、次の取り扱いはどのようになりますか。なお、父の他の遺産に係る相続税申告については相続人全員が申告期限までに期限内申告書を提出しており、現在までに税務調査及びその通知等はありません。

Q1 発見財産に係る遺産分割協議を改めて行う必要がありますか。
　　　また発見財産に係る相続登記はどのように行われますか。

Q2 父に係る相続税の修正申告を行う必要がありますか。 また修正申告を行わない場合にはどうなりますか。

Q3 発見財産を配偶者が取得する場合、 配偶者に対する相続税額の軽減の適用は受けられますか。

Q4 発見財産に係る加算税等の取り扱いはどうなりますか。

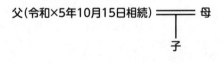

父(令和×5年10月15日相続) ━━━┳━━━ 母
　　　　　　　　　　　　　　　　┃
　　　　　　　　　　　　　　　　子

回答

A1　当初の遺産分割協議において、新たに発見された財産について具体的に定めた場合には、その内容に従い分割されます。他方、定めていない場合には、当該発見財産について相続人等で新たに遺産分割協議を行うこととなります。

　　発見財産の取得者が決まったら、発見財産について相続を原因とする所有権移転登記手続を行うことになります。また、令和6年4月1日以降は、発見財産の取得を知ってから3年以内に登記申請ができない場合には、相続人申告登記を行うことが必要となります。

A2　相続税申告に係る更正の除斥期間（相続税の申告期限から5年）を経過していないため、発見財産に係る遺産分割協議の成立後、相続税の期限内申告書を提出した者の相続税額に不足を生じた場合には、修正申告を行います。修正申告がない場合には税務署長が更正を行う可能性があります。

A3　配偶者が発見財産を取得する場合は、修正申告において配偶者に対する相続税額の軽減の適用を受けることができます。ただし、発見財産について仮装隠蔽の事実が認められる場合には同軽減の適用を受けることができません。

A4　原則として納税者自らが自主的に修正申告を行う場合、過少申告加算税は課されません。なお発見財産に係る相続税及び延滞税が課されます。

解説

1　遺産分割協議からの遺産の遺漏

（1）遺産の一部が漏れていた場合の遺産分割の有効性

　まず、遺産分割は、遺産の一部のみを行うこともできるとされているため（民907①）、相続人が遺産の一部を把握しておらず、遺産分割協議の対象から漏れてしまった場合でも、直ちに当初の遺産分割協議が無効となるものではありません。ただし、その発見財産の存在を知っていれば、そのような合意をしなかったというような場合には、当初の遺産分割協議が錯誤（民95）により無効となる余地はあります。

（2）遺漏した遺産についての処理

　当初の遺産分割協議が有効である場合、相続人は、遺漏した発見財産についてのみ、新たに遺産分割協議を行うことになります。

　　ただし、一旦遺産分割が完了しているにもかかわらず、新たに相続人全員で再度の遺産分割を行うことが煩雑である場合もあります。そのような場合には、当初の遺産分割協議の中で、新たに遺産が発見された場合の処理について、予め定めておく方法もあります。この場合、新たな遺産が発見された場合には、当初の遺産分割協議のその条項に従って取得されることとなります。

参考　【新たな財産が発見されたときのための遺産分割協議書の記載例】

〔例 1〕　本遺産分割協議の成立後に新たな遺産が発見された場合、その遺産は母が相続する。

〔例 2〕　本遺産分割協議の成立後に新たな遺産が発見された場合は、その遺産は母が 1/2、子が 1/2 を相続する。

---

(3) 遺産の遺漏を防止する方法

　　遺産である不動産が把握されておらず、遺産分割協議の対象から漏れてしまうということは珍しいことではなく、遺産の中に私道等の公衆用道路がある場合に漏れることが多いといえます。その理由としては、相続人は、市区町村から送付される固定資産税の納税通知書や課税証明書をもとに遺産を把握することが多いですが、公衆用道路は固定資産税が非課税であるため固定資産税の課税明細書にはその記載がされません。公共用道路の他にも、固定資産税が非課税となっている山林や農地についても同様のことがいえます（🔍 **フォーカス 3. 固定資産税課税明細書に記載されない公衆用道路が認定される経緯**）。

　　これらの固定資産税の課税証明書に記載されない財産を把握するためには、固定資産（土地・家屋）名寄帳を市区町村から入手する必要があります（🔍 **フォーカス 4. 固定資産（土地・家屋）名寄帳の入手方法**）。この名寄帳は土地と家屋の固定資産課税台帳（補充課税台帳）について所有者ごとにまとめたものとなるため、固定資産税が課税されない財産についても記載がされます。

　　また、今後は「所有不動産記録証明制度（新不登法 119 の 2）」が令和 8 年 4 月までに開始されるため、被相続人の全国の不動産の所有状況を確認しやすくなります（法務基礎編第 1 章 Q7）。

(4) 発見財産の相続登記手続

　　遺産として把握がされず遺産分割から漏れてしまった土地は、一般的に、長期間、相続登記もなされず、被相続人の登記名義のまま放置されてしまうこととなります。

　このような事態を解消するため、法務局は、長期間に渡り相続登記がされていない土地について、所有権の登記名義人の法定相続人を探索し、その結果を登記するとともに、その判明した法定相続人に対して、長期間相続登記がされていない土地があることを知らせ、相続登記の申請を促す通知を行っています（所有者不明土地特措法）。

　通知を受け取った相続人は、速やかに発見財産について遺産分割手続きを行った上で、相続に基づく所有権移転登記を行うことが適切です。なお、法務局は、上記の法定相続人の探索で判明した相続関係を一覧化した「法定相続人情報」（**参考** **法定相続人情報**）を作成しているので、相続人は、遺産分割協議等のために必要があれば、法務局でその提供を受けることが可能です。

　また、令和6年4月1日以降は、相続により所有権を取得したことを知った日から3年以内に相続登記の申請をしなければならないこととされたので、発見財産の把握から3年以内に相続登記を行うことが必要です（新不登法76の2①）（法務基礎編第1章Q1）。正当な理由（法務基礎編第1章Q2）がないにもかかわらず申請をしなかったときは、10万円以下の過料の適用対象となります（新不登法164）。遺産分割協議が成立しない等の事情で3年以内の相続登記ができない場合には、暫定的な方法として「相続人申告登記」を行うこととなります（新不登法76の3）。相続人申告登記とは、登記簿上の所有者について相続が開始したことと自らがその相続人であることを申し出る制度で、この申出がされると、申出をした相続人の氏名・住所等が登記されることとなります。なお、相続人申告登記をしていても、遺産分割が完了した際は、改めて相続登記を行うことが必要です（**🔍フォーカス 1. 法務局より未登記不動産について「長期間にわたり相続登記等がされていないことの通知（お知らせ）」（改正後「相続登記の申請義務違反により義務の履行を催告する」旨の通知）が届いた場合の対処方法**）（法務基礎編第1章Q3）。

❷ 相続税申告について

　相続税の更正、決定等の除斥期間（期間制限）は相続税の申告期限から5年（通法70①）、偽りその他不正の行為によりその全部若しくは一部の税額を免れた場合と認められる場合には7年（通法70⑤）とされています。

　本事例では新たな財産の発見が令和×9年10月であり申告期限である令和×6年8月から5年以内であるため、確定した相続税額に不足を生じた場合には、修正申告書の提出を行うこととなります。

　なお納税者が修正申告を行わず、税務署が発見財産を把握した場合には、税務署長はその課税価格又は相続税額を更正することとなります。

　一般的に不動産について登記簿上で売買による所有権移転が行われると、税務署から「譲渡所得の申告についてご案内」、「譲渡所得の申告についての連絡票」が届きます。このように不動産の所有権に移転がある場合は、税務署がその移転内容を把握するため、新たな発見財産においても、相続登記等のタイミングで法務局を通じ税務署に移転の事実が把握されるものと推測できます。

　また本事例のように相続人が相続登記をする前に死亡した場合において、当該相続人を登記名義人とするための登録免許税は免除されることとなります（事例29）。

❸ 配偶者に対する相続税額の軽減適用について

　配偶者に対する相続税額の軽減は、相続税の期限内申告書（当該申告書に係る期限後申告書及びこれらの申告書に係る修正申告書を含む）または更正の請求に規定する更正請求書に、当該軽減規定の適用を受ける旨及び軽減額の計算に関する明細の記載をした一定の書類等の添付がある場合に限り、適用されるとしています（相法19の2③）。よって、発見財産を配偶者が相続する場合、修正申告においても軽減の適用を受けることが可能です。ただし、修正申告において追加される発見財産が、期限内申告において仮装隠蔽されたと認められる場合には、この新たな財産については修正申告において軽減の適用を受けることができません（相法19の2⑤）（　参考　仮装隠蔽があった場合の配偶者の相続税額の軽減の計算方法）。

　本事例のように「相続登記の申請義務違反により義務の履行を催告する」旨の通知により相続財産が新たに発見されたことが隠蔽行為に該当するか検討します。

　国税通則法の重加算税の課税要件は、納税者がその国税の課税標準等又は税額等の計算の基礎となるべき事実の全部または一部を隠蔽し、または仮装し、その隠蔽し、または仮装したところに基づき納税申告書を提出していることとされております（通法68①）。この課税要件充足の有無、すなわち隠蔽、仮装と評価すべき行為の存否について、裁判例では「納税者のした過少申告行為そのものが隠蔽、仮装に当たるというだけでは足りず、過少申告行為そのものとは別に、隠蔽、仮装と評価すべき行為が存在し、これに合わせた過少申告がされたことを要する。もっとも、架空名義の利用や資料の隠匿等の積極的な行為が存在したことまで必要であると解するのは相当でなく、納税者が、①当初から過少に申告することを意図し、②その意図を外部からもうかがい得る特段の行動をした上、その意図に

基づく過少申告をしたような場合には、隠蔽、仮装と評価すべき行為が存在するものとして、重加算税の上記課税要件が満たされるものと解すべきである（平成7年最判参照）」（福岡地裁令元 .10.30 TAINS Z269-13334）としています。すなわち納税者の隠蔽する意図とそれに基づく行動が要件となっております。

　さらに国税庁「相続税及び贈与税の重加算税の取扱いについて（事務運営指針）」では、隠蔽し、または仮装行為の例示として、次に掲げるような事実を掲げています。

> (1)　相続人（受遺者を含む。）又は相続人から遺産（債務及び葬式費用を含む。）の調査、申告等を任せられた者（以下「相続人等」という。）が、帳簿、決算書類、契約書、請求書、領収書その他財産に関する書類（以下「帳簿書類」という。）について改ざん、偽造、変造、虚偽の表示、破棄又は隠匿をしていること。
> (2)　相続人等が、課税財産を隠匿し、架空の債務をつくり、又は事実をねつ造して課税財産の価額を圧縮していること。
> (3)　相続人等が、取引先その他の関係者と通謀してそれらの者の帳簿書類について改ざん、偽造、変造、虚偽の表示、破棄又は隠匿を行わせていること。
> (4)　相続人等が、自ら虚偽の答弁を行い又は取引先その他の関係者をして虚偽の答弁を行わせていること及びその他の事実関係を総合的に判断して、相続人等が課税財産の存在を知りながらそれを申告していないことなどが合理的に推認し得ること。
> (5)　相続人等が、その取得した課税財産について、例えば、被相続人の名義以外の名義、架空名義、無記名等であったこと若しくは遠隔地にあったこと又は架空の債務がつくられてあったこと等を認識し、その状態を利用して、これを課税財産として申告していないこと又は債務として申告していること。

　本事例について前記裁判例及び事務運営指針にあてはめると、父の相続人に対して「相続登記の申請義務違反により義務の履行を催告する」旨の通知が過去に一切されておらず、さらに、当該財産の固定資産税等の納税通知書の到着もないため、父に係る相続税申告時点で当該財産を認識することが困難な場合には、隠蔽と評価すべき前記裁判例にある「当初から過少に申告することを意図の存在」は認められず、さらに前記事務運営指針の（1）〜（5）のいずれにも該当しないため、隠蔽行為に該当しないものと推測できます。

4 加算税の取り扱いについて

発見財産に係る修正申告によって新たに納めることとなる税額については、期限内申告の期限から納付日までの日数に応じて延滞税が課されます。

当初の申告税額が修正申告による税額より過少だった場合の過少申告加算税について、本事例のようなケースに課されるか否か検討します。

過少申告加算税については修正申告書の提出が、税務調査があったことにより更正があるべきことを予知してされたものでない場合において、納税義務者に対する調査通知がある前に行われたものであるときは、適用しないとされています（通法65⑤）。

よって本事例では、税務調査及びその通知が行われていない状態で、自主的に修正申告を行っているため、過少申告加算税は発生しません。

一方で税務調査後の修正申告、申告税額の更正については、過少申告加算税がかかります。

この過少申告加算税の金額は、修正申告又は更正による税額の10%（修正申告書の提出が調査通知以後であり、かつ、調査による更正を予知してされたものでない場合には、その提出により納付することとなった税額の5%）相当額となります。ただし、修正申告または更正による税額が当初の申告納税額と50万円とのいずれか多い金額を超えている場合、その超えている部分については5%が前記10%に加算されます（通法65①②）。また仮装隠蔽と認められる場合には、過少申告加算税に代わり重加算税がかかります。重加算税の金額は、修正申告または更正による税額の35%相当額となります（通法68①）。

参考 仮装隠蔽があった場合の配偶者の相続税額の軽減の計算方法

被相続人の期限内申告における課税価格の合計額は2億5,000万円（相続人は配偶者と子の2名、課税価格の内訳は子が2億円、配偶者が5,000万円）となっており、納付税額は次のとおりでした。なお、発見財産の相続税評価額は1,200万円となっております。

「相続登記の申請義務違反により義務の履行を催告する」旨の通知が父の相続税申告時点で到着していたにもかかわらず、申告をしていない場合には、税務署に隠蔽と認定される可能性があります。この場合には次の算式のとおり、相続又は遺贈により取得した財産の価額のうち被相続人の配偶者が行った隠蔽仮装行為による事実に基づく金額等は、配偶者の税額軽減の計算上、除外して計算されることとなります（相基通19の2-7の2）。

仮装隠蔽がある場合の配偶者の税額軽減額の計算式

$$\begin{array}{c} \text{相続税の総額} \\ \text{(配偶者が仮装隠蔽した財産} \\ \text{に係るものを除く)} \end{array} \times \dfrac{\begin{array}{c} \text{配偶者の課税価格} \\ \text{(配偶者が取得した仮装隠蔽財産を除く)※} \end{array}}{\begin{array}{c} \text{課税価格の合計額} \\ \text{(配偶者が取得した仮装隠蔽財産を除く)} \end{array}}$$

※　配偶者の課税価格は次の 1 又は 2 のうち、いずれか少ない方の金額
    1　課税価格の合計額に配偶者の法定相続分を掛けて計算した金額又は 1
    億 6 千万円のいずれか多い方の金額
    2　配偶者の課税価格

隠蔽行為の有無による修正申告に係る納付税額について比較します。

＜当初申告に係る納付税額＞

課税遺産総額

課税価格の合計額	遺産に係る基礎控除額	課税遺産総額
250,000 千円　－	30,000 千円 +6,000 千円× 2 (法定相続人の数)	= 208,000 千円

法定相続人の法定相続分に応じる各取得金額（千円未満切捨て）

配偶者　208,000 千円× 1/2 = 104,000 千円
子　　　208,000 千円× 1/2 = 104,000 千円

相続税の総額

① 　配偶者　104,000 千円× 40% － 17,000 千円 = 24,600 千円
② 　　子　　104,000 千円× 40% － 17,000 千円 = 24,600 千円
③ 　① + ② = 49,200 千円

算出相続税額

① 　配偶者　49,200 千円× 0.20（50,000 千円 /250,000 千円）= 9,840 千円
② 　　子　　49,200 千円× 0.80（200,000 千円 /250,000 千円）= 39,360 千円

配偶者の税額軽減額

① 　算出相続税額　9,840 千円
② 　相続税の総額　49,200 千円　×　（注）50,000 千円／　250,000 千円
　　　　　　　　　　= 9,840 千円

（注）

ア　250,000 千円（課税価格の合計額）× 1/2（配偶者の法定相続分）

　　= 125,000 千円 <160,000 千円　∴ 160,000 千円

イ　50,000 千円（配偶者の課税価格）

ウ　ア＞イ　∴ 50,000 千円（配偶者の課税価格）

③　軽減額　①≦②　∴ 9,840 千円（納税無）

各人の当初申告に係る納付税額

配偶者　0 円

子　　　39,360 千円

＜隠蔽行為がなかった場合の修正申告に係る納付税額＞

課税遺産総額

課税価格の合計額	遺産に係る基礎控除額	課税遺産総額
（250,000 千円 + 12,000 千円（発見財産））	− 30,000 千円 +6,000 千円× 2（法定相続人の数）	= 220,000 千円

法定相続人の法定相続分に応じる各取得金額（千円未満切捨て）

配偶者　220,000 千円× 1/2 = 110,000 千円

子　　　220,000 千円× 1/2 = 110,000 千円

相続税の総額

①配偶者　110,000 千円× 40% − 17,000 千円 = 27,000 千円

②　子　　110,000 千円× 40% − 17,000 千円 = 27,000 千円

③　①+②= 54,000 千円

算出相続税額

①配偶者　54,000 千円× 0.2366412214（（50,000 千円 +12,000 千円）/262,000 千円）= 12,778,625 円

②　子　　54,000 千円× 0.7633587786（200,000 千円 /262,000 千円）= 41,221,374 円

配偶者の税額軽減額

①　算出相続税額　12,778,625 円

②　相続税の総額　54,000 千円　×　（注）62,000 千円／　262,000 千円 = 12,778,625 円

（注）
ア　262,000 千円（課税価格の合計額）× 1/2（配偶者の法定相続分）
　　　= 131,000 千円 <160,000 千円　∴ 160,000 千円
イ　62,000 千円（配偶者の課税価格）
ウ　ア＞イ　∴ 62,000 千円
③　軽減額　①≦②　∴ 12,778,625 円（納税無）

各人の修正申告に係る納付税額

配偶者　0 円

子　　　41,221,374 円 − 39,360 千円 = 1,861,300 円（百円未満切捨て）

＜隠蔽行為があったと認められる場合の修正申告に係る納付税額＞

課税遺産総額

課税価格の合計額		遺産に係る基礎控除額		課税遺産総額
（250,000 千円 + 12,000 千円（発見財産））	−	30,000 千円 +6,000 千円× 2（法定相続人の数）	=	220,000 千円

法定相続人の法定相続分に応じる各取得金額（千円未満切捨て）

配偶者　220,000 千円 × 1/2 = 110,000 千円

子　　　220,000 千円 × 1/2 = 110,000 千円

相続税の総額

①配偶者　110,000 千円 × 40% − 17,000 千円 = 27,000 千円

②　子　　110,000 千円 × 40% − 17,000 千円 = 27,000 千円

③　① + ② = 54,000 千円

算出相続税額

①配偶者　54,000 千円 × 0.2366412214（按分割合）= 12,778,625 円

②　子　　54,000 千円 × 0.7633587786（按分割合）= 41,221,374 円

配偶者の税額軽減額

①　算出相続税額　12,778,625 円

②　相続税の総額　49,200 千円[※1]　×　（注）50,000 千円／
　　　　　　　　　　250,000 千円[※2] = 9,840 千円

※1　相続税の総額で当該相続に係る被相続人の配偶者が行った隠蔽仮装行為による事
　　　実に基づく金額に相当する金額を当該財産を取得したすべての者に係る相続税の課
　　　税価格に含まないものとして計算したもの（＜当初申告に係る計算＞参照）

※2　課税価格の合計額から隠蔽仮装行為による事実に基づく金額に相当する金額を控
　　　除した残額（250,000 千円 +12,000 千円）− 12,000 千円 = 250,000 千円）

(注)
ア　250,000 千円（課税価格の合計額※2）× 1/2（配偶者の法定相続分）
　　　= 125,000 千円 <160,000 千円　∴ 160,000 千円
イ　50,000 千円（配偶者の課税価格※3）
ウ　ア＞イ　∴ 50,000 千円
③　軽減額　①＞②　9,840 千円
※3　配偶者に係る課税価格の合計額から仮装隠蔽行為による事実に基づく金額に相当
　　する金額を控除した残額（50,000 千円 +12,000 千円）－ 12,000 千円 = 50,000 千円

各人の修正申告に係る納付税額
　　配偶者　12,778,625 円 − 9,840 千円 = 2,938,600 円（百円未満切捨て）
　　子　　　41,221,374 円 − 39,360 千円 = 1,861,300 円（百円未満切捨て）

さらに納付税額について 35％の重加算税が適用されます。

フォーカス

1. 法務局より未登記不動産について「長期間にわたり相続登記等がされていないことの通知（お知らせ）」（改正後「相続登記の申請義務違反により義務の履行を催告する」旨の通知）が届いた場合の対処方法

　法務局は未登記不動産が長期間ある場合には、所有者不明土地の利用の円滑化等に関する特別措置法の規定に基づき、土地の所有者の死亡の事実の有無や法定相続人について調査を行います。それにより長期間にわたり相続登記等がされていないことが判明した場合、当該不動産の登記簿上の所有者に係る法定相続人（戸籍等において確認することができた方）に対して、「長期間にわたり相続登記等がされていないことの通知（お知らせ）」の通知（法定相続人が複数いる場合は任意の1名）がされます（**参考**「長期間にわたり相続登記等がされていないことの通知(お知らせ)」）。

　なお登記官による相続登記の申請義務に違反した者の把握方法として、法務省「相続登記の申請義務化の施行に向けたマスタープラン（令和5年3月22日）」では、例えば、次のような場合が想定されるとされています。

(1)相続人が遺言書を添付して遺言内容に基づき特定の不動産の所有権の移転の登記を申請した場合において、当該遺言書に他の不動産の所有権についても当該相続人に遺贈し、又は承継させる旨が記載されていたとき。
(2)相続人が遺産分割協議書を添付して協議の内容に基づき特定の不動産の所有権の移転の登記を申請した場合において、当該遺産分割協議書に他の不動産の所有権についても当該相続人が取得する旨が記載されていたとき。

　この通知がされた場合の処理としては、現在の名義人に係る相続人間での遺産分割協議の有無に応じ、次の取り扱いとなります。

<名義人に係る相続人間で遺産分割協議を行える場合>

1　同通知書に同封されている「法定相続人情報の作成番号（○○○○ - ○○○○ - ○○○○）12 桁の番号」等を法務局に伝え現在の所有権の登記名義人の法定相続人がわかる資料の交付を受けます（ **参考** 法定相続人情報）

2　1により判明した登記名義人に係る現在の法定相続人で遺産分割協議を行い、取得者を確定します

3　2により確定した取得者を名義人とする相続登記を行います（事例 29「相続登記の登録免許税の免税」）

<名義人に係る相続人間で遺産分割協議が行えない場合>

「令和 6 年 3 月 31 日以前」

・共有状態をそのまま登記に反映する方法（法定相続分での相続登記）

　法務局の窓口にて取得した法定相続人情報を、戸籍謄本等の代わりとして登記申請に使用することが可能です（なお、一部不足している戸籍謄本等の書類の収集が必要な場合もあります）。

　法定相続分での相続登記をする際、相続人全員から申請する事が原則ですが、相続人の一部から全員の相続登記を申請する事も、民法上の保存行為として可能です。ただし、その場合、申請人とならなかった相続人に対しては、従来の不動産権利証にあたる「登記識別情報通知」が発行されないため、注意が必要です。

「令和 6 年 4 月 1 日以降」

・共有状態をそのまま登記に反映する方法によらない場合

　共有状態をそのまま登記に反映する方法（法定相続分での相続登記）によらない場合、相続登記の申請の義務化に伴い相続人申告登記を不動産の相続を知った日から 3 年以内に行う必要があります（法務基礎編第 1 章 Q1 ～ Q4）。相続人が複数存在する場合でも特定の相続人が単独で申出が可能です（他の相続人の分も含めた代理申出も可能、かつ法定相続人の範囲及び法定相続分の割合の確定が不要であり、申出者が被相続人（所有権の登記名義人）の相続人であることがわかる戸籍謄本を提出することで足ります）。

　なお、令和 5 年 4 月 1 日以降、法定相続分での相続登記が行われた後に遺産分割協議が成立し、その変更を反映する場合等については、登記手続きが簡略化（添付書類、登録免許税等の変更）しました。

参考　「長期間にわたり相続登記等がされていないことの通知（お知らせ）」
（福岡法務局ホームページサンプルより一部加工）

〒 000-0000
福岡県〇〇市〇〇〇111番地
甲野次郎 様

NO.〇〇〇

長期間相続登記等がされていないことの通知（お知らせ）

　この度、所有者不明土地の利用の円滑化等に関する特別措置法（平成30年法律第49号）の規定に基づき、福岡法務局において調査した結果、下記の土地について、所有権の登記名義人が亡くなられているものの、名義がそのままの状況となっており、その後も長期間にわたり相続登記等がされていないことが判明いたしました。
　つきましては、当該土地登記簿上の所有者の法定相続人（戸籍等によって確認しています。）である貴殿に対し、その旨を通知いたします。

　今後も相続登記がされない状態が続きますと、更なる相続が発生するなどして権利関係が複雑となり、将来の登記申請が困難になるおそれがあります。この機会に、必要な登記申請を行っていただきますようお願いいたします。

　登記申請に当たっては、現在の所有権の登記名義人の相続関係を法務局で調査して一覧化した図である「法定相続人情報」を御活用いただくことができます。最寄りの法務局において、貴殿に対して「法定相続人情報」を出力した書面を無料で提供しますので、提供を御希望される場合は、最寄りの法務局にお問い合わせください。

　なお、既に相続放棄をされている場合など、貴殿が登記簿上の所有者の法定相続人でない場合には、お手数ですが、当局担当者まで御一報ください。
　そのほか、本通知の内容に関して御不明な点などありましたら、お問い合わせください。

　おって、相続登記の手続や申請書式等については、以下の法務省ホームページで案内しているほか、全国の司法書士会において、相談窓口を設けておりますので、お知らせします。

<u>※　上記の調査対象となる土地は、その対象地域が限定されているため、亡くなられた方の名義の土地を全て調査しているものではありません。</u>

記

1　不動産番号及び不動産所在事項
　　2902000012345　〇〇市〇〇〇100番地
2　現在の所有権の登記名義人
　　〇〇市〇〇〇100番地　甲野太郎
3　法定相続人情報（**参考** 法定相続人情報）
　　の作成番号
　　2902-2022-0000

令和 5年 〇月

〒810-8513
福岡市中央区舞鶴3丁目5番25号
福岡法務局不動産登記部門（担当：〇〇）
連絡先：092-721-4575【平日8:30～17:15】

※　本通知は、法定相続人が複数いる場合、任意の1名の方に送付しています。

※本制度の概要について法務省ホームページで確認することができます。→

※相続登記の手続や申請書式を知りたい方はこちら →

参考 **法定相続人情報**（神戸地方法務局ホームページより）

（https://houmukyoku.moj.go.jp/kobe/page000001_00078.pdf#D）

「法定相続人情報」は、長期相続登記等未了土地の所有権の登記名義人又はその相続人の戸籍及び除かれた戸籍の謄本又は全部事項証明書により確認することができる相続人の氏名等の情報が記録されています。「法定相続人情報」は、長期間相続登記未了である旨等の登記がされた土地（**参考** **長期間相続登記未了である旨の付記登記の記載例**）を管轄する登記所で、閲覧することができます。

　法務局ホームページでは「法定相続人情報」の入手方法等について下記のとおり記載がされております（福岡法務局ホームページより）。

（https://houmukyoku.moj.go.jp/fukuoka/page000001_00038.html）

> 　令和4年10月3日から、法定相続人情報に記載された相続人に対しては、最寄りの法務局において、「法定相続人情報」を出力した書面を無料で提供しますので、希望される場合は、最寄りの法務局に、提供依頼書、本通知書と氏名・住所を確認できる公的書類（運転免許証、個人番号カードなどの本人確認書類）を持参して下さい。
> 　代理人が来庁して提供依頼する場合は、法定相続人本人が署名した委任状が必要となります。この委任状には、委任者（法定相続人）の本人確認書類の写しを添付していただくとともに、受任者（代理人）の本人確認書類の提示が必要となります。

　なお、法定相続情報一覧図（被相続人死亡時点の相続人を記載するもの）は、数次相続は反映されないところ、上記「法定相続人情報」では数次相続の情報も反映されています。

　例えば、不動産の登記名義人となっている被相続人の1次相続人がその後に亡くなっている場合、1次相続人の相続人（2次相続人）も「法定相続人情報」には記載されます。そのため、被相続人死亡時点ではなく、現時点で遺産分割協議をするべき相続人を知ることができます。

　「法定相続人情報」は数次相続情報が記載されておりますが、「法定相続情報一覧図」は被相続人の死亡時点の相続人のみが記載されているという点で異なりますので注意が必要です。

法定相続人情報　記載例

⑤　作成番号　　5100−2018−0003
⑥　作成の年月日 令和 1年●●月●●日

被相続人　　甲野太郎　　法定相続人情報

① 最後の住所
　 〇〇県〇〇市〇〇1丁目1番1号
　 登記簿上の住所
　 〇〇県〇〇市〇〇1丁目1番1号
　 最後の本籍
　 〇〇県〇〇市〇〇1丁目100番　　② 住所 〇〇県〇〇市〇〇2丁目2番2号
　 出生 昭和15年1月1日　　　　　　 出生 昭和40年3月3日
　 死亡 昭和63年1月1日　　　　　　 （長男）
　 （被相続人）　　　　　　　　　 甲野 一郎
　 甲野 太郎
　　　　　　　　　　　　　　　　　② 住所 〇〇県〇〇市〇〇3丁目3番3号
　　　　　　　　　　　　　　　　　 出生 昭和42年4月4日
　　　　　　　　　　　　　　　　　 （二男）
　　　　　　　　　　　　　　　　　 甲野 二郎

② 住所 〇〇県〇〇市〇〇1丁目1番1号　② 出生 昭和46年1月1日
　 出生 昭和20年2月2日　　　　　　　 死亡 平成20年5月5日
　 （妻）　　　　　　　　　　　　　　（長女）
　 甲野 花子　　　　　　　　　　　　 乙野 松子　　　　③ 住所 〇〇県〇〇市〇〇4丁目4番4号
　　　　　　　　　　　　　　　　　　　　　　　　　　　 出生 平成10年7月7日
　　　　　　　　　　　　　　　　　　　　　　　　　　　 （長男）
　　　　　　　　　　　　　　　　　　　　　　　　　　　 乙野 梅雄

　　　　　　　　　　　　　　　　　③ 乙野 竹雄
　　　　　　　　　　　　　　　　　　 （夫）
　　　　　　　　　　　　　　　　　　 住所 〇〇県〇〇市〇〇3丁目3番3号
　　　　　　　　　　　　　　　　　　 出生 昭和46年6月6日

①　被相続人である所有権の登記名義人の氏名，出生の年月日，最後の住所，登記簿上の住所
　　及び本籍並びに死亡の年月日
　　　なお，被相続人の最後の住所が判明しないときは，当該住所は記録されない。
②　上記①の登記名義人の相続人（被相続人又はその相続人の戸籍及び除かれた戸籍の謄本又
　　は全部事項証明書により確認することができる相続人となり得る者をいう。）の氏名，出生
　　の年月日，住所及び当該登記名義人との続柄（当該相続人が死亡しているときにあっては，
　　氏名，出生の年月日，当該登記名義人との続柄及び死亡の年月日）
　　　なお，相続人の住所を記録することができないときは，当該住所は記録されない。
③　上記①の登記名義人の相続人（以下「第一次相続人」という。）が死亡している場合には，
　　第一次相続人の相続人（以下「第二次相続人」という。）の氏名，出生の年月日，住所及び
　　第一次相続人との続柄（当該第二次相続人が死亡しているときにあっては，氏名，出生の年
　　月日，当該第一次相続人との続柄及び死亡の年月日）
　　　なお，第二次相続人の住所を記録することができないときは，当該住所は記録されな
　　い。第二次相続人が死亡しているときは，第二次相続人を第一次相続人と，第二次相続人
　　を第一次相続人とみなして，上記③が適用される。当該相続人（その相続人を含
　　む。）が死亡しているときも，同様である。
④　相続人の全部又は一部が判明しないときは，その旨（該当する場合のみ）
⑤　作成番号
⑥　作成の年月日

参考 長期間相続登記未了である旨の付記登記の記載例

（神戸地方法務局ホームページより）

（https://houmukyoku.moj.go.jp/kobe/page000001_00078.pdf#D）

長期相続登記等未了土地である旨の付記登記の記載例

1 所有権の保存の登記

権　利　部　　（甲区）　　　（所有権に関する事項）			
順位番号	登　記　の　目　的	受付年月日・受付番号	権　利　者　そ　の　他　の　事　項
1	所有権保存	昭和何年何月何日 第何号	所有者　何市何町何番地 　　　　甲　某
付記1号	長期相続登記等未了土地	余白	作成番号　第5100−2018−0001号 平成30年何月何日付記

（相続人の全部又は一部が判明しないとき）

権　利　部　　（甲区）　　　（所有権に関する事項）			
順位番号	登　記　の　目　的	受付年月日・受付番号	権　利　者　そ　の　他　の　事　項
1	所有権保存	昭和何年何月何日 第何号	所有者　何市何町何番地 　　　　甲　某
付記1号	長期相続登記等未了土地	余白	作成番号　第5100−2018−0002号 （相続人の全部（又は一部）不掲載） 平成30年何月何日付記

2 所有権の移転の登記（単有）

権　利　部　　（甲区）　　　（所有権に関する事項）			
順位番号	登　記　の　目　的	受付年月日・受付番号	権　利　者　そ　の　他　の　事　項
2	所有権移転	昭和何年何月何日 第何号	原因　昭和何年何月何日売買 所有者　何市何町何番地 　　　　甲　某
付記1号	長期相続登記等未了土地	余白	作成番号　第5100−2018−0003号 平成30年何月何日付記

3 所有権の移転の登記（共有）

権　利　部　　（甲区）　　　（所有権に関する事項）			
順位番号	登　記　の　目　的	受付年月日・受付番号	権　利　者　そ　の　他　の　事　項
2	所有権移転	昭和何年何月何日 第何号	原因　昭和何年何月何日売買 共有者 　何市何町何番地 　持分2分の1 　甲　某 　何市何町何番地 　2分の1 　乙　某
付記1号	2番共有者乙某につき長期相続登記 等未了土地	余白	作成番号　第5100−2018−0004号 平成30年何月何日付記
付記2号	2番共有者甲某につき長期相続登記 等未了土地	余白	作成番号　第5100−2018−0005号 平成30年何月何日付記

🔍 フォーカス

2. 所有者不明土地が増加している原因とその対応策

全国の土地のうち所有者不明土地の割合は 22 % あります (H29 国交省調査)。そのうち相続登記未了が 66%、住所変更登記の未了が 24%となっています。

所有者不明土地が増加している背景に次の理由がありました。

◇相続登記の申請は義務ではなく、申請しなくても不利益を被ることは少ない

◇都市部への人口移動や人口減少・高齢化の進展等により、地方を中心に、土地の所有意識が希薄化・土地を利用したいというニーズも低下

◇遺産分割をしないまま相続が繰り返されると、土地共有者がねずみ算式に増加 (法務省資料 P1 より)

これらの背景を受け「相続登記の未了」への対応として、1. 相続登記の申請の義務化、2.申請義務の実効性を確保するための環境整備策の導入、3. 所有権の登記名義人の死亡情報についての符号の表示制度の新設が行われ、「住所変更登記等の未了」への対応として 1. 住所変更登記等の申請の義務化、2. 申請義務の実効性確保のための環境整備策の導入が行われました。

また固定資産税が非課税となっている山林、農地、公衆用道路等は毎年送付される固定資産税の納税通知書に記載されません (🔍**フォーカス 3. 固定資産税課税明細書に記載されない公衆用道路が認定される経緯**)。そのため非課税となっている不動産について遺産分割協議書への記載が漏れてしまうこともあります。

この記載漏れを防ぐため現状では、固定資産 (土地・家屋) 名寄帳 (🔍**フォーカス 4. 固定資産 (土地・家屋) 名寄帳の入手方法**) により被相続人が所有する不動産を把握することとなります。今後は「所有不動産記録証明制度 (新不登法 119 の 2)」が令和 8 年 4 月までに開始されるため、被相続人の全国の不動産の所有状況が確認しやすくなります (法務基礎編第 1 章 Q7)。

🔍 フォーカス

3. 固定資産税課税明細書に記載されない公衆用道路が認定される経緯

納税者が所有する土地について市区町村に新たに公衆用道路として認定される経緯は大きく分けて次の (1) 及び (2) があります。

（1）納税者の非課税申請により公衆用道路と認定される場合

　　地方税法において公共の用に供する道路として利用されている土地で一定の要件を満たすものは、固定資産税・都市計画税が非課税とされています（地法348②五、地法702の2②）。

　　また納税者が所有する土地で道路（セットバック部分）として利用されている場合には、納税者が当該土地の所在する市区町村（土地班）へ固定資産税・都市計画税非課税申告書（公共の用に供する道路）及び道路部分の位置と面積の算定方法を正確に確認できる図面（道路部分の面積を測量した測量図、求積図など）を提出します。これにより市区町村が提出書類をもとに現地調査を行い、道路部分の位置、面積及び利用状況を確認し、非課税を適用するか否かを判断します。

　　非課税対象の道路は①不特定多数の人の利用に供されている私道（利用上の制約（通行の妨げとなる植木・室外機等）を設けていないもの）②セットバック部分（建築するにあたって必要条件とされた拡幅部分）③隅切り部分（道路と敷地との境界が塀、縁石、目地などで明確に区分されているもの）が該当します。

【非課税対象の道路】(東京都主税局「道路に対する非課税のご案内」をもとに作成)
(https://www.tax.metro.tokyo.lg.jp/shisan/info/dorohikazei.pdf)

❶ 不特定多数の人の利用に供されている私道

①利用上の制約※を設けず不特定多数の人の利用に供されていること
②客観的に道路として認定できる形態を有すること
③以下のいずれかに該当すること

通り抜け私道

> **◆「通り抜け私道」の場合**
> （道路の起点がそれぞれ別の公道に接する道路）
> 道路全体を通して幅員が**1.8m程度以上あること**

> **◆「行き止まり私道」、「コの字型私道」の場合**
> 2以上の家屋の用に供され、専ら通行のために使用されており、道路幅員が**4.0m以上あること**（従前から存在していた道路の場合は**1.8m以上あること**）

行き止まり私道

※　次のような例にあてはまる場合は、**利用上の制約となり非課税になりません。**
　　・植木や室外機、自動車、自転車などを置いている
　　・一般の通行を禁止する表示物や門扉・車止めなど通行の障害物がある　など

コの字型私道

❷ セットバック部分

特別区が整備した細街路等の拡幅部分、建築基準法第42条第2項、第3項、第5項の規定により設けられた道路の拡幅部分、同法第43条第2項第2号の適用により建築するにあたって必要条件とされた拡幅部分

❸ 隅切り部分

東京都建築安全条例第2条の規定により設けられた隅切り部分（家屋建築時に敷地面積として算入されているものを含む）

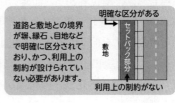

道路と敷地との境界が塀、縁石、目地などで明確に区分されており、かつ、利用上の制約が設けられていない必要があります。

(2) 市区町村の認定により公衆用道路とされる場合

　1筆の土地の全部が公衆用道路に使用されていることが明らかな場合は都税事務所が独自に変更することもあるようです。例として、新築建物のセットバック部分が本地から分筆されていてその1筆すべてが公衆用道路となっている場合など、都税事務所が見て明らかに公衆用道路と把握できるため独自に変更します（日常的に現地調査しているそうです）。

　ただ、分筆せずに1筆の土地の一部を公衆用道路として使用している場合は、道路部分とそれ以外の部分が明らかではないため所有者本人から申請してもらいます（(1)参照）。併せて、都税事務所が独自に課税地目の変更をした場合も次の年の課税明細から公衆用道路認定された土地は除かれることとなります。

🔍 **フォーカス**

4. 固定資産（土地・家屋）名寄帳の入手方法 （東京主税局ホームページより）

（https://www.tax.metro.tokyo.lg.jp/koteinewshomei/shinsei/sozokunin.html#NAa）

　申請者及び申請に必要な書類は次のとおりです（納税義務者（個人）の相続人が行う場合）。

◇申請者

・法定相続人

・遺贈を受けた者

・遺言執行人

・委任状による代理人（代理人（受任者）が名寄帳・評価証明等の申請を行う際は、

必ず委任状が必要となります（ 参考 委任状））

◇必要書類

- □　証明・閲覧申請書
- □　申請者の本人確認書類
- □　法定相続情報一覧図

※　登記所（法務局）に戸除籍謄本等と併せて相続関係を一覧に表した図（法定相続情報一覧図）を提出することで、登記官がその一覧図に認証文を付して写しを交付するものです。各種相続手続に利用することができ、本証明の申請にもご利用いただけます。詳細は登記所（法務局）HPをご確認下さい。

- □　（法定相続情報一覧図がない場合）
    - ・被相続人が亡くなられたことがわかる書類（住民票の除票、除籍謄本等）
    - ・相続人の現在の戸籍謄本、抄本

◇手数料　所有者ごとに300円（現金支払い）

※　共有名義と単独名義それぞれについて申請された場合、同一納税義務者ではないため、それぞれ300円の手数料がかかります。

なお、名寄帳は市区町村単位での発行となっています。複数の市区町村に被相続人が不動産を所有している場合には、市区町村ごとに名寄帳を入手する必要があります。

参考 **固定資産（土地・家屋）名寄帳**（東京主税局ホームページより）

（https://www.tax.metro.tokyo.lg.jp/koteinewshomei/gaiyo-yoshiki.pdf）

参考　**委任状**（東京主税局ホームページより）

（https://www.tax.metro.tokyo.lg.jp/shitsumon/tozei/to_ininjyou.pdf）

（個人納税義務者用）

委　任　状

（代理人）住所　＿＿＿＿＿＿＿＿＿＿＿＿＿＿＿＿＿＿＿＿＿＿＿＿

　　　　　氏名　＿＿＿＿＿＿＿＿＿＿＿＿＿＿＿＿＿＿＿＿＿＿＿＿

私は、上記の者を代理人と定め、下記の事項を委任します。

記

＿＿＿＿＿＿＿名義の　　　　　年度の　土地・家屋名寄帳（　　通）の申請及び
受領に関する権限。

令和　　　年　　　月　　　日

（委任者）住所　＿＿＿＿＿＿＿＿＿＿＿＿＿＿＿＿＿＿＿＿＿＿＿＿

　　　　　氏名　＿＿＿＿＿＿＿＿＿＿＿＿＿＿＿印※＿＿＿＿＿＿＿

　　　　　連絡先電話番号　＿＿＿＿＿＿＿＿＿＿＿＿＿＿＿＿＿＿＿
※自筆で御署名又は、署名及び個人の印を押印ください。
※名寄帳閲覧の申請について、お電話で確認をさせていただく場合がございますので、日中
に連絡のとれる電話番号を御記入ください。

事例2

新たに発見された財産に係る
1次相続及び2次相続の遺産分割協議の方法
～数次相続に係る遺産分割協議書の記載方法～

　令和×9年×月にA法務局の登記官より子2宛に父名義のB県所在の宅地（以下「発見財産」とします）につき「相続登記の申請義務違反により義務の履行を催告する」旨の通知がありました。昭和35年に母、昭和40年に父、平成22年に子1に相続が発生しています。当該宅地について遺産分割協議は行われていませんでした。

Q1 父名義の発見財産について、どのように遺産分割協議が行われますか。なお、発見財産は孫1が取得する予定です。また発見財産に係る相続登記はどのように行われますか。

Q2 発見財産の相続税申告についてどのように取り扱いますか。

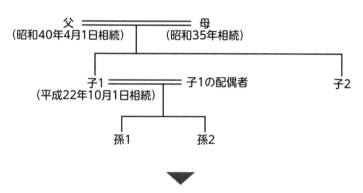

回答

A1　父の相続人である子2、子1の相続人である子1の配偶者、孫1及び孫2で発見財産に関する遺産分割協議を行い、孫1が取得することを取り決めます。この場合、父の遺産分割協議書と、子1の遺産分割協議書を2段階に分けて作成するのが適切です。

　なお相続登記は、子1の相続登記を省略し、父から孫1に直接移転する形で行うことが可能です。

A2 父及び子1の相続に係る相続税について更正決定の除斥期間は経過しているため、相続税申告は必要ありません。

解説

1 数次相続

(1) 数次相続における遺産分割協議

　被相続人の遺産について遺産分割がされていない状態で、その相続人が死亡して次の遺産相続が発生することを数次相続といいます（**🔍フォーカス 5. 数次相続と代襲相続の違い**）。

　数次相続が発生した場合、1次相続（父の相続）において子1が相続した共有持分権は、2次相続における遺産を構成し、子1の相続人が各相続分に応じて取得することになります。そのため、1次相続（父の相続）の遺産分割協議には、2次相続（子1の相続）の相続人である子1の配偶者、孫1、孫2も参加することとなります。

　この場合、遺産分割協議の方法は2通りあります。一つ目は、父の遺産分割協議により子1が発見財産を取得することを確定し、その後、子1の遺産分割協議により孫1の発見財産の取得を確定する方法（【遺産分割協議書作成例】(2-1)(2-2)）です。この場合、遺産分割協議書を2通作成することとなります。二つ目は、父の遺産分割協議において、孫1が直接、発見財産を取得する方法です。この方法の場合には遺産分割協議書は1通となります（【遺産分割協議書作成例】(2-3)。

　1次相続について子1が相続人として行うべき相続税申告が必要である場合には、相続財産を確定する意味においても、前者の方法（【遺産分割協議書作成例】(2-1)(2-2)）が望ましいといえます。

(2) 数次相続の場合の相続登記

　数次相続は、上述のとおり、1次相続において相続された共有持分権が2次相続により相続されるという2段階の構造であるため、実体法としては、1次相続における権利の移転と、2次相続における権利の移転がそれぞれ発生しているということになります。そのため、本事例では、父から子1への相続登記と、さらに子1から孫1への相続登記を2段階で行うのが、正確な流れといえます。

　ただし、登記手続においては、数次相続が生じた場合において、中間の相続がすべて単独相続である場合には、最終の単独取得をすることになった相続人が、単独で、中間の相続人の相続登記を省略し、登記名義人から直接自己への所有権移転登記をすることが可能となっています（昭和 30・12・16 民事甲第 2670 号民事局長通達）。本事例では、1 次相続において子 1 が単独相続をしており、更に最終の取得者である孫 1 も単独取得をしているので、父から子 1 への所有権移転登記を省略して、直接孫 1 への所有権移転登記をすることができると考えられます。

❷ 相続税申告について

　相続税の更正決定に係る除斥期間は相続税の申告期限から 5 年（通法 70 ①）、偽りその他不正の行為によりその全部若しくは一部の税額を免れた場合と認められる場合には 7 年（通法 70 ⑤）とされています。よって父及び子 1 に係る相続税については、いずれも申告期限から 7 年超経過しているため、事例の催告により判明した発見財産について申告義務は生じません。

【遺産分割協議書作成例】協議書を2通作成（2-1）（2-2）

（2-1）（父→子1）

遺産分割協議書

　被相続人父（昭和40年4月1日死亡、最後の本籍地　東京都世田谷区○○、最後の住所　東京都世田谷区○○）の下記の相続財産については、同人の相続人全員において分割協議を行った結果、次のとおり協議が成立した。

　なお、共同相続人のうち子1は平成22年10月1日に死亡したため、同人の相続人である子1の配偶者、孫1及び孫2がその地位を承継し、それぞれ本協議に参加した。

1. 下記の財産は、亡子1が相続する。

（1）土地
　　所　　在　　　○市○○一丁目
　　地　　番　　　1番1
　　地　　目　　　宅地
　　地　　積　　　50.00㎡
　上記協議を証するため、本協議書1通を作成し、各当事者において署名捺印のうえ、原本については●が保有するものとする。

　　　　　　　　　　　　　　　　　　　令和　　年　　月　　日

　　　　　　　　住所
　　　　　　　　　子1の配偶者　　　　　　　㊞

　　　　　　　　住所
　　　　　　　　　　孫1　　　　　　　　　㊞

　　　　　　　　住所
　　　　　　　　　　孫2　　　　　　　　　㊞

　　　　　　　　住所
　　　　　　　　　　子2　　　　　　　　　㊞

（2-2）（子1→孫1）

遺産分割協議書

　被相続人子1（平成22年10月1日死亡、最後の本籍地　東京都世田谷区○○、最後の住所　東京都世田谷区○○）の下記の相続財産については、同人の相続人全員において分割協議を行った結果、次のとおり協議が成立した。

1.下記の財産は、孫1が相続する。

(1)土地
　所　　在　　○市○○一丁目
　地　　番　　1番1
　地　　目　　宅地
　地　　積　　50.00㎡
　上記協議を証するため、本協議書1通を作成し、各当事者において署名捺印のうえ、原本については●が保有するものとする。

令和　　年　　月　　日

　　　住所
　　　　子1の配偶者　　　　　　　　㊞
　　　住所
　　　　　　孫1　　　　　　　　　　㊞
　　　住所
　　　　　　孫2　　　　　　　　　　㊞

（2-3）協議書1通を作成（父→孫1）

遺産分割協議書

　被相続人父（昭和40年4月1日死亡、最後の本籍地　東京都世田谷区○○、最後の住所　東京都世田谷区○○）の下記の相続財産については、同人の相続人全員において分割協議を行った結果、次のとおり協議が成立した。

　なお、共同相続人のうち子1は平成22年10月1日に死亡したため、同人の相続人である子1の配偶者、孫1及び孫2がその地位を承継し、それぞれ本協議に参加した。

1. 下記の財産は、孫1が相続する。

(1)土地
　　所　　在　　　○市○○一丁目
　　地　　番　　　1番1
　　地　　目　　　宅地
　　地　　積　　　50.00㎡
　　上記協議を証するため、本協議書1通を作成し、各当事者において署名捺印のうえ、原本については●が保有するものとする。

　　　　　　　　　　　　　　　　　　令和　　年　　月　　日

　　　　　　　　住所
　　　　　　　　　子1の配偶者　　　　　　　㊞
　　　　　　　　住所
　　　　　　　　　　孫1　　　　　　　　　㊞
　　　　　　　　住所
　　　　　　　　　　孫2　　　　　　　　　㊞
　　　　　　　　住所
　　　　　　　　　　子2　　　　　　　　　㊞

🔍 フォーカス

5. 数次相続と代襲相続の違い

数次相続とは

　下記の親族図表において父（令和×3年相続）の遺産分割及び相続登記が未了の状態で、子1（令和×5年相続）の相続が開始していますが、このように被相続人の相続後に相続人に相続が発生している場合を数次相続といいます。この場合、父の相続に係る遺産分割協議の参加者は、父の相続人である子2と子1の相続人である子1の配偶者、孫1及び孫2となります（◯が遺産分割協議参加者）。

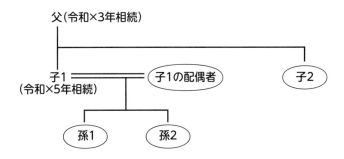

代襲相続とは

　下記の親族図表において父（令和×3年相続）の相続開始前に、父の相続人となるはずであった子1（令和×1年相続）が死亡していますが、このように被相続人の相続前に相続人に相続が発生している場合を代襲相続といいます。この場合、父の相続に係る遺産分割協議の参加者は、子2と代襲相続人である孫1及び孫2となります。父の代襲相続人となるのは直系卑属の孫1及び孫2であり、子1の配偶者は父の相続人でないため遺産分割協議に参加できません（◯が遺産分割協議参加者）。

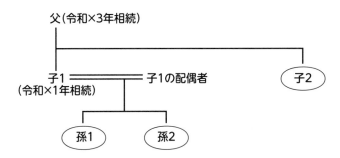

事例3

相次いで相続が発生した場合の遺産分割協議、相続税申告の取り扱い
～1次相続に係る配偶者の税額軽減及び小規模宅地等の特例の適用について～

　父は令和×3年10月1日に相続（1次相続）が発生し、母は令和×3年12月1日に相続（2次相続）が発生しました。父と母は、父が所有していた不動産Aに同居していましたが、両者の相続人である子1及び子2は、いずれも父母とは別に賃貸の住居に住んでおり持ち家はありません。なお不動産Aは最終的には子1が取得する予定です。

　この不動産A及びその他の財産の相続に係る、次に掲げる取り扱いについて確認します。

Q1 **1次相続及び2次相続に係る遺産分割協議はどのように取り扱うのがよいですか。**

Q2 **1次相続に係る母の相続税申告期限の取り扱いはどのようになりますか。**

Q3 **1次相続及び2次相続に係る相続税の優遇規定（配偶者の相続税額の軽減及び居住用宅地等に係る小規模宅地等の課税価格の特例等）の取り扱いはどのようになりますか。**

父(1次相続：令和×3年10月1日) ＝＝＝＝ 母(2次相続：令和×3年12月1日)

子1　　　　　　子2
(持ち家なし)　　(持ち家なし)

回答

A1　子1と子2は、まず、1次相続（父の相続）に関して、父の相続財産について遺産分割協議を行い、母、子1及び子2がそれぞれ相続する財産を決定します（【遺産分割協議書作成例】(3-1)）。続いて、2次相続（母の相続）に関して、1次相続で母が取得した財産と母が従前から保有していた財産について遺産分割協議により、子1及び子2が取得する財産を決定します（【遺産分割協議書作成例】(3-2)）。なお、不動産Aについては、1次相続において母の取得とするのが望ましいです。

A2　1次相続（父の相続）に係る相続税申告について、母は申告書を提出しないで亡くなっているため、母の相続人である子1及び子2が母の申告及び納税義務を承継します。また、母が提出すべきであった1次相続（父の相続）に係る相続税申告の期限は、母の相続の開始があったことを知った日の翌日から10ヶ月を経過する日の令和×4年10月1日となります。

A3　遺産分割協議時点において配偶者が亡くなっていても、配偶者が取得したものとして配偶者の相続税額の軽減及び小規模宅地等の課税価格の特例の適用が可能です。

解説

■ 1次相続及び2次相続に係る遺産分割協議書の取り扱いについて

　数次相続が発生した場合、1次相続（父の相続）において第2次被相続人（母）が取得した1次被相続人（父）の遺産についての相続分に応じた共有持分権は、実体法上の権利であって2次相続被相続人（母）の遺産として遺産分割の対象となります。そのため、原則としてまず1次相続に関して子1と子2で遺産分割を行い、第2次被相続人（母）が取得する財産を確定することになります。

　本事例では、後記 **3** で述べるとおり、2次相続（母の相続）において母が有する居住用宅地等を子が取得する場合、小規模宅地等の課税価格の特例の適用を受けることができ、結果として相続税の金額を減縮することができます。そのため、1次相続（父の相続）においては子ではなく母が不動産Aを取得し、その後、2次相続により母から子が取得することが税務上は望ましい形となります。

　したがって、1次相続（父の相続）では母が不動産Aを相続する遺産分割協議（【遺産分割協議書作成例】(3-1)）を行い、2次相続（母の相続）で、子が不動産Aを相続する遺産分割協議（【遺産分割協議書作成例】(3-2)）を行います。

　なお2次相続に係る相続人が1名の場合には、一定の留意が必要です（**フォーカス6. 相次いで相続発生し2次相続の相続人が1名の場合の相続登記の取り扱い**）。

■ 1次相続に係る母の相続税申告期限の取り扱いについて

　申告書を提出すべき者が当該申告書の提出期限前に提出しないで死亡した場合には、その者の相続人（包括受遺者を含む）は、その相続の開始があったこと

を知った日の翌日から 10 ヶ月以内に死亡した者に係る申告書をその死亡した者の納税地の所轄税務署長に提出しなければならないとされています（相法 27 ②）。

　よって本事例では、母が提出すべきであった父の相続に係る相続税申告について母の相続人である子 1 及び子 2 が申告義務を承継しますが、その申告期限は原則の申告期限の令和× 4 年 8 月 1 日ではなく、母の相続の開始があったことを知った日の翌日から 10 ヶ月を経過する日の令和× 4 年 10 月 1 日となります。なお、子 1 及び子 2 の申告期限は従来通り令和× 4 年 8 月 1 日となります。

❸ 配偶者の相続税額の軽減及び小規模宅地等の課税価格の特例等の適用について

　配偶者の相続税額の軽減の適用について相続税基本通達では、相続により取得した財産の全部又は一部が共同相続人によって分割される前に、第 1 次相続に係る被相続人の配偶者が死亡した場合、第 1 次相続により取得した財産の全部又は一部が第 1 次相続に係る配偶者以外の共同相続人及び配偶者の死亡に基づく相続に係る共同相続人によって分割され、その分割により当該配偶者の取得した財産として確定させたものがあるときは、配偶者の相続税額の軽減の適用にあたっては、その財産は分割により当該配偶者が取得したものとして取り扱うことができるとされています（相基通 19 の 2-5）。

　よって本事例において、父の相続において、配偶者が取得したものとして子 1 及び子 2 が 1 次相続に係る遺産分割協議を確定させた場合、配偶者の相続税額の軽減の適用を受けることができます。

　小規模宅地等の課税価格の特例の適用についても租税特別措置法関係通達では、相続又は遺贈により取得した特例対象宅地等の全部又は一部が共同相続人によって分割される前に、第 1 次相続に係る共同相続人等のうちいずれかが死亡した場合において、第 1 次相続により取得した特例対象宅地等の全部又は一部が、当該死亡した者の共同相続人等及び第 1 次相続に係る当該死亡した者以外の共同相続人等によって分割され、その分割により当該死亡した者の取得した特例対象宅地等として確定させたものがあるときは、小規模宅地等の課税価格の特例の適用にあたって特例対象宅地等は分割により当該死亡した者が取得したものとして取り扱うことができるとしています（措通 69 の 4-25）。

　よって、本事例の父の相続において、配偶者が取得したものとして子 1 及び子 2 が 1 次相続に係る遺産分割協議を確定させた場合、特定居住用宅地等に該当し小規模宅地等の課税価格の特例の適用を受けることができます（措法 69 の 4 ③

二イ）。なお、父の居住用宅地等については、父と別居親族である子1が母を経由せず父から直接相続する場合、父の相続時点では配偶者がいる状態であるため子1が特定居住用宅地等に係る取得者の要件（被相続人の配偶者又は相続開始の直前において当該被相続人の居住の用に供されていた家屋に居住していた法定相続人がいない場合に限る（措法69の4③二ロ）。）を満たさないこととなります（【図表1　子1が父から直接相続】）。そのため当該宅地を、父から母が取得し、その後母から子1が取得する場合には、2次相続において被相続人（母）に配偶者及び同居していた法定相続人がいない状態のため、上記要件を満たすこととなり特定居住用宅地等に該当することとなります（【図表2　母を経由した相続】、【遺産分割協議書作成例】（3-1）（3-2））。

　また、1次相続において、母が配偶者の相続税額の軽減の適用を受けても納付税額が生ずる場合には、2次相続に係る相続人（子1及び子2）は、相続税額から一定の金額の控除（相次相続控除）を受けることができます（相法20、相基通20-1）。この相次相続控除は、今回の相続（2次相続）の開始前10年以内に1次相続が開始しており、今回の被相続人（母）が1次相続において相続税を納付している場合に適用されます。

【図表1　子1が父から直接相続】

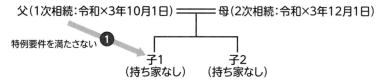

【図表2　母を経由した相続】

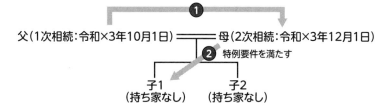

【遺産分割協議書作成例】

(3-1)　亡母が一旦取得する場合

遺産分割協議書

　　被相続人父(令和3年10月1日死亡、最後の本籍地　東京都世田谷区○○、最後の住所　東京都世田谷区○○)の下記の相続財産については、同人の相続人全員において分割協議を行った結果、次のとおり協議が成立した。

　　なお、共同相続人のうち母は令和3年12月1日に死亡したため、同人の相続人である子1及び子2がその地位を承継し、それぞれ本協議に参加した。

1. 下記の財産は、亡母が相続する。

(1)土地

　　所　　在　　　世田谷区○○一丁目
　　地　　番　　　1番1
　　地　　目　　　宅地
　　地　　積　　　120.00㎡

(2)建物

　　所　　在　　　世田谷区○○一丁目1番地1
　　家屋番号　　　1番1
　　種　　類　　　居宅
　　構　　造　　　木造スレート葺2階建
　　床 面 積　　　1階　50.00㎡
　　　　　　　　　2階　50.00㎡

　　上記協議を証するため、本協議書1通を作成し、各当事者において署名捺印のうえ、原本については●が保有するものとする。

令和　　年　　月　　日

　　　　　　　　　住所
　　　　　　　　　　子1　　　　　　　　　㊞

　　　　　　　　　住所
　　　　　　　　　　子2　　　　　　　　　㊞

（3-2）続いて子1が取得する場合

遺産分割協議書

　被相続人母（令和3年12月1日死亡、最後の本籍地　東京都世田谷区○○、最後の住所　東京都世田谷区○○）の下記の相続財産については、同人の相続人全員において分割協議を行った結果、次のとおり協議が成立した。

1. 下記の財産は、子1が相続する。

（1）土地
　　所　　在　　　世田谷区○○一丁目
　　地　　番　　　1番1
　　地　　目　　　宅地
　　地　　積　　　120.00㎡

（2）建物
　　所　　在　　　世田谷区○○一丁目1番地1
　　家屋番号　　　1番1
　　種　　類　　　居宅
　　構　　造　　　木造スレート葺2階建
　　床 面 積　　　1階　50.00㎡
　　　　　　　　　2階　50.00㎡

　上記協議を証するため、本協議書1通を作成し、各当事者において署名捺印のうえ、原本については●が保有するものとする。

　　　　　　　　　　　　　　　　　令和　　年　　月　　日

　　　　　　　　　　　　住所
　　　　　　　　　　　　　子1　　　　　　　㊞
　　　　　　　　　　　　住所
　　　　　　　　　　　　　子2　　　　　　　㊞

6. 相次いで相続発生し 2 次相続の相続人が 1 名の場合の相続登記の取り扱い

父及び母に相次いで相続が発生しました。相続人は子 1 名となっています。この場合、相続登記はどのように行いますか。

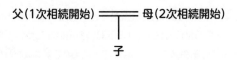

父（1次相続開始） ＝＝＝＝ 母（2次相続開始）

子

回答

2 次相続に係る相続人が 1 名である場合、通常の相続とは異なる登記上の取り扱いとなります。本事例では母相続前に遺産分割協議がされたか否かで、登記の取り扱いが次のとおり異なります。

①　母相続前に遺産分割協議がされた場合

母相続前に、亡父名義の不動産は子がすべて取得する旨の遺産分割協議がされた場合、その協議書が作成されていなかったとしても、唯一の相続人である子が作成した「遺産分割協議証明書」を添付して、亡父から子への直接の相続登記をすることができます。

②　母相続前に遺産分割協議がされなかった場合

母相続前に遺産分割協議がされていなかった場合、1 次相続における遺産分割で子が直接取得したとして、現在法務局ではひとり遺産分割協議書を添付して父名義の不動産を直接子へ相続登記することができません（以前はできました）。

当該相続登記ができなくなった背景は、子が父の相続人としての立場と母の有していた父の相続人としての地位を承継した立場において、ひとりで遺産分割協議をすることを認めない判決（東京高裁平 26.9.30 TAINS Z999-5311）がされたからです。相続人が唯一ひとりになった場合は、遺産の共有状態ではなくなるため遺産分割を行うことはできない、つまり遺産を分割するという考えが入り込む余地がないという結論です。そのため、母相続前に遺産分割協議がされ

なかった場合は、父の相続時に母と子が法定相続分の 1/2 ずつ相続し、その後母の相続時に子がさらに 1/2 相続することになります。

事例4

1次相続に係る遺産分割未了財産の2次相続に係る取り扱い
～1次相続確定後の2次相続に係る更正の請求の可否～

令和×9年1月に●●法務局の登記官より母宛に（●●県●●市の宅地（以下「発見財産」とする）につき「相続登記の申請義務違反により義務の履行を催告する」旨の通知がありました。昭和55年に父に相続(1次相続)が発生しましたが、発見財産については固定資産税の通知などがなく父の遺産として把握がされていなかったため遺産分割協議も行われていませんでした。その後令和×9年12月に子1に相続（2次相続）が発生しました。父名義の発見財産について母、子2、子1の配偶者、孫で遺産分割協議を行う予定ですが子2は他の相続人と疎遠となっており協議が進まない状態です。

Q1 1次相続（父の相続）に係る相続税申告についてどのように取り扱いますか。

Q2 遺産分割協議が行われていない発見財産について、2次相続（子1の相続）の相続税申告についてどのように取り扱いますか。

Q3 子1が父名義の発見財産について法定相続分の権利を有するものとして、子1の相続人が2次相続に係る相続税申告をし、その後、遺産分割協議が成立し子2が発見財産を取得することとなった場合には、子1の相続人が申告した相続税について更正の請求をすることは出来ますか。

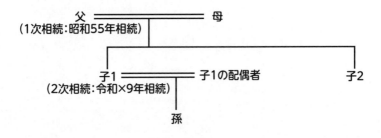

回答

A1　1次相続（父の相続）に係る相続税について更正決定の除斥期間を経過しているため、相続税申告は必要ありません。

A2　子1が発見財産について父の相続に係る法定相続分を有するものとして相続税申告を行います。

A3　1次相続に係る遺産分割成立後、2次相続に係る法定申告期限から5年以内に行う更正の請求は認められます。一方で法定申告期限から5年を超える更正の請求は、原則認められません。5年を超える場合には、納税者が減額更正を求める嘆願書に相当する書面等を所轄税務署長に提出し、課税上著しい不公平となると税務署長が認める場合には、調査結果等に基づき国税通則法第71条第1項第2号に該当するものとして更正（減額）が行われる可能性があります（法的に更正義務はありません）。

解説

1　1次相続（父の相続）に係る相続税申告

　相続税の更正決定に係る除斥期間は相続税の申告期限から5年（通法70①）、偽りその他不正の行為によりその全部若しくは一部の税額を免れた場合と認められる場合には7年（通法70⑤）とされています。よって申告期限から7年超が経過しているため、父に係る相続税については、本事例の通知により判明した発見財産についての申告義務は生じません。

2　発見財産の2次相続（子1の相続）に係る相続税申告

　1次相続（父の相続）の遺産分割未了財産について遺産分割未了の状態で未了財産の権利を有する相続人（子1）に相続が発生した場合、2次相続（子1の相続）の取り扱いはどのようになるでしょうか。遺産分割未了財産について子1は民法の規定により法定相続分の権利を有することとなります（民898、民899）。本事例では1次相続に関し子1は1/4の法定相続分を有します。よって発見財産の評価額の1/4を2次相続に係る相続財産に含め、子1の相続人が2次相続に係る相続税申告を行うこととなります。

　一方で父の相続に係る発見財産の遺産分割が未了であることから、発見財産の子1への帰属は確定しておりません。よって1次相続の遺産分割が未了の場合、2

次相続に係る遺産分割においては発見財産を対象とせず、これを除いた遺産に関する一部分割のみを行い、1 次相続の遺産分割が確定し子 1 が相続することが確定した場合に、改めて発見財産についての遺産分割を行うというのが一般的です。なお、遺産分割協議書において新たな発見財産に係る取得者を定めておく方法もあります（事例 1「　**参考**　新たな財産が発見されたときのための遺産分割協議書の記載例」）。

3　更正の請求可否について

①国税通則法第 23 条第 1 項第 1 号に基づく更正の請求について

　2 のとおり 1 次相続の遺産分割未了財産である発見財産について、2 次相続の被相続人（子 1）が法定相続分である 1/4 を有するものとし、子 1 の配偶者及び孫が 2 次相続に係る相続税申告をした場合において、その後 1 次相続に係る遺産分割協議が行われ子 1 が発見財産を取得しないこととなった場合、更正の請求が可能か否かについて検討します。

　国税通則法第 23 条第 1 項第 1 号（**フォーカス 8. 更正の請求期間及び更正決定の除斥期間 1. (1)①**）では、「当該申告書に記載した課税標準等若しくは税額等の計算が国税に関する法律の規定に従っていなかったこと又は当該計算に誤りがあったことにより、当該申告書の提出により納付すべき税額が過大であるとき」は申告書に係る国税の法定申告期限から 5 年以内に限り、税務署長に対し、更正の請求ができる旨を規定しています。1 次相続に係る遺産分割未了財産について 2 次相続に係る被相続人が法定相続分を有するものとした相続税申告はあくまで予測値での申告であり、当該未了財産に係る分割が行われ 2 次相続に係る被相続人が当該未了財産を取得しないこととなる場合には、当初の課税標準等が過大であったこととなります。この過大であった理由は遺産分割未了財産につき共有状態であることを根拠に被相続人が法定相続分で有するものとして申告したことが原因ですがこのことが「課税標準等の計算誤り」といえるかどうかについて検証します。

　国税通則法第 23 条第 2 項及び同法施行令第 6 条の後発的事由による更正の請求は同条第 1 項の通常の更正の請求の原因に含まれます。なぜなら同条第 1 項の更正の請求期間内に生ずる同条第 2 項の後発的事由の発生は、第 1 項の更正の請求によるべきこととなるからです（通法 23 ②かっこ書き）。

　そのため後発的事由は、判決、和解並びに更正等の法律に基づく課税標準の変更となりますが、これらも「課税標準等の計算誤り」に含まれると解釈できます。

　遺産分割未了財産につき共有状態であることを根拠に被相続人が法定相続分で有するものとして申告したことは、民法に基づいた申告ですが、結果的に遺産分割により取得に至らない場合には、判決、和解並びに更正等の法律に基づく課税標準の変更が「課税標準等の計算誤り」として取り扱われることを踏まえると同条第 1 項の通常の更正の請求が可能と考えられます（同条第 2 項に掲げる後発的事由には該当しないため同項の適用はありません（③参照））。

　よって 2 次相続に係る相続税の申告期限から 5 年以内に 1 次相続に係る遺産分割未了財産の遺産分割協議が成立し、発見財産を取得しないこととなる場合には、国税通則法第 23 条第 1 項第 1 号に基づく更正の請求が可能と考えられます。

②相続税法第 32 条第 1 項第 1 号に基づく更正請求の可否について

　1 次相続に係る遺産分割未了財産の遺産分割協議が 2 次相続に係る相続税の申告期限から 5 年以内に成立しない場合において、相続税法第 32 条に規定する更正の請求の特則（🔍**フォーカス 8. 更正の請求期間及び更正決定の除斥期間 1.(3)①**）の適用が可能か検討します。この更正の請求の特則に該当する場合には、各号に掲げる事由が生じたことを知った日の翌日から 4 ヶ月以内に限り、納税地の所轄税務署長に対し、その課税価格及び相続税額につき更正の請求をすることができます。

　相続税法第 32 条第 1 項第 1 号に係る更正の請求の要件は「同法第 55 条の未分割遺産に対する課税の規定に基づき申告を行った場合を前提とし、同法第 55 条の規定による計算で税額が確定した後、遺産の分割が行われ、その結果、すでに確定した相続税額が過大になるという後発的事由について特別に更正の請求を許したものと解される。」とされています（静岡地方裁判所平成 26 年 3 月 14 日判決【税務訴訟資料第 264 号 -50（順号 12431）】以下本事例において、「静岡地裁判決」）。

　また同法第 55 条では「相続若しくは包括遺贈により取得した財産に係る相続税について申告書を提出する場合において、当該相続又は包括遺贈により取得した財産の全部又は一部が共同相続人又は包括受遺者によってまだ分割されていないとき」における各相続人の課税価格の計算に係る規定であり、被相続人が相続する財産が未分割である場合の規定ではありません。よって 1 次相続に係る未分割遺産の分割による被相続人の税額の減少は、2 次相続に係る相続税法 32 条第 1 項第 1 号に基づく更正の請求の要件には該当しないと考えられます。

③国税通則法第 23 条第 2 項に基づく更正請求の可否について

　1 次相続に係る遺産分割未了財産の遺産分割協議が 2 次相続に係る相続税の申告期限から 5 年以内に成立しない場合において、国税通則法第 23 条第 2 項の後発的事由による更正の請求（**フォーカス 8. 更正の請求期間及び更正決定の除斥期間 1. (2)①**）の適用が可能かどうか検討します。1 次相続に係る遺産分割未了財産の分割は判決及び和解に該当せず、さらに他の者に所得等が帰属するものとする更正等ではないため、同項第 1 号及び第 2 号の後発的事由には該当しません。同項第 3 号に規定する政令の要件に「その申告、更正又は決定に係る課税標準等又は税額等の計算の基礎となった事実に係る契約が、解除権の行使によって解除され、若しくは当該契約の成立後生じたやむを得ない事情によって解除され、又は取り消されたこと。（通令 6 ①二）」があります。

　同規定に該当するか否かの地裁判決の判断において「「やむを得ない事情」とは、判決、更正、決定に準ずるような申告時には予期し得ない外部的、客観的事由に限られるものと解される。」（静岡地裁判決）としています。よって 2 次相続の遺産分割協議の後に 1 次相続の遺産分割協議（本件遺産分割協議）が成立したことは外部的、客観的事由によるものであるということが立証される場合、同項第 3 号の後発的事由による更正の請求が可能と考えられます。

　本事例において 2 次相続開始後に 1 次相続に係る遺産分割未了財産の存在が発覚し、かつ、2 次相続に係る遺産分割協議時において 1 次相続に係る相続人が失踪している状態等であれば要件を満たす可能性はありますが、本事例のように 2 次相続開始前に遺産分割未了財産の発覚がある場合等については申告時には予期しない客観的事由の立証が難しいため要件は満たさないと考えられます。また同項第 3 号に係る国税通則法施行令第 6 条の他の要件も満たさないため国税通則法第 23 条第 2 項の後発的事由による更正の請求の要件には該当しないと考えられます。

④国税通則法第 71 条第 1 項第 2 号に基づく更正

　1 次相続の分割確定に伴い 2 次相続に係る相続税額に変動が生じた場合の更正の請求の可否について、「資産課税課情報第 10 号資産評価企画官情報第 3 号平成 14 年 7 月 4 日　国税庁資産課税課　国税庁資産評価企画官室　資産税関係質疑応答事例について（情報）」では、相続税法第 32 条第 1 項第 1 号の規定に基づく更正の請求をすることはできないとした上で、「被相続人甲の相続財産に係る遺産分割が確定したことにより被相続人乙の相続財産が当初申告額より少なくなったにもかかわらず、これを納税者側から是正する手続きがな

い場合において、これを放置することが課税上著しい不公平となると税務署長が認めるときには、調査結果に基づき国税通則法第71条第1項第2号に規定する「・・・無効な行為により生じた経済的効果がその行為の無効であることに基因して失われたこと・・・又は取消しうべき行為が取り消されたこと・・・」に該当するものとして更正（減額）を行っても差し支えない。」としています。国税通則法第71条は、同法第70条の国税の更正、決定等の期間制限の特例（🔍**フォーカス 8. 更正の請求期間及び更正決定の除斥期間 2.(4)**）として設けられているため除斥期間経過後でも適用は可能ですが、当該理由が生じた日から3年間に限り適用されるため、第1次相続の分割確定から3年以内に更正（減額）を受ける必要があります。そのため第1次相続の分割確定後、速やかに納税者が減額更正を求める嘆願書に相当する書面等を所轄税務署長に提出する方法が考えられます（🔍**フォーカス 7. 嘆願書とは**）。

　また納税者が同法第71条による更正決定の義務付けを求めた裁判（静岡地裁判決）がありました。

　具体的には、2次相続の遺産分割により相続税の申告を行い、その後1次相続の遺産分割を行ったことにより、2次相続に係る相続税が減少したとして、更正の請求をしたところ、処分行政庁がこれを認めず、更正すべき理由がない旨の通知処分を行ったのに対し、これを不服とする原告が、通知処分の取消し及び国税通則法第71条第1項第2号に基づく更正決定の義務付けなどを求めたものです。

　判示では「国税通則法第23条は、納税申告書を提出した者の権利利益の救済を図りつつ、更正の請求をすることができる期間を限定し、その申告に係る課税標準等又は税額等をめぐる租税法律関係の早期安定を図る趣旨のものであるところ、このような趣旨に鑑みれば、納税者が過大に申告した場合においてその是正を求めるためには、原則として、更正の請求という法律が特に定めた手段によるべきであって、敢えて行訴法による義務付け訴訟により救済を求めることは許されないと解される。よって、本件において、損害を避けるために他に適当な方法がないと認めることはできない。」として、「国税通則法第71条第1項第2号に基づく二次相続に係る相続税減額の更正決定の義務付けを求める部分は不適法である。」とされました。

　このように納税者からの嘆願書等を受け税務署長が「課税上著しい不公平となる」と認められるか否かにより更正（減額）の有無が決定すると考えられますが、実際に更正（減額）が行われるかどうかは法的な義務ではないため確定的なものではありません。

⑤まとめ

　2 次相続に係る相続税の申告期限から 5 年以内に 1 次相続に係る遺産分割未了財産の遺産分割協議が成立する場合には、国税通則法第 23 条第 1 項に基づく更正の請求が可能です。一方で 5 年以内に成立しない場合には、納税者が減額更正を求める嘆願書に相当する書面等を所轄税務署長に提出し、税務署長が課税上著しい不公平となると認めるときは上記❷④の国税通則法第 71 条第 1 項第 2 号に基づく更正（減額）を行っても差し支えないとされていますが、実際に更正が行われるか否かは不確定です。

　よって、2 次相続の申告期限から 5 年以内に 1 次相続に係る遺産分割未了財産について、遺産分割協議を整え更正の請求を行うことが必要と思われます。

🔍 フォーカス

7. 嘆願書とは

　嘆願に係る実務は平成 23 年度税制改正において、大きくその位置付けが変更となりました。平成 23 年度税制改正大綱の中で「更正の請求を行うことができる期間（現行 1 年）を 5 年に延長し、併せて、課税庁が増額更正できる期間（現行 3 年のもの）を 5 年に延長する」とされ、これにより「基本的に、納税者による修正申告・更正の請求、課税庁による増額更正・減額更正の期間を全て一致させる」と記載されています。

　さらに改正の理由については「更正の請求について、法定外の手続により非公式に課税庁に対して税額の減額変更を求める「嘆願」という実務慣行を解消するとともに、納税者の救済と課税の適正化とのバランス、制度の簡素化を図る観点」から行われたものとされています。この平成 23 年度税制改正を機に、基本的には「嘆願」という実務慣行は解消されることとなりました。

　しかし、事例 4 のように申告期限から 5 年超経過した後に、1 次相続に係る遺産分割未了財産の遺産分割協議が成立し法定相続分を取得しないこととなる場合には、法的には納税者は税務署長に対し納めすぎていた税金を取り戻す手段がありません。そのため納税者は、税務署長にお願いする行為、すなわち嘆願を検討せざるを得ないこととなります。

　この嘆願の法的位置付けについては、「嘆願書は法的にはいわば納税者の課税庁に対する単なる要望ないしは陳情を述べた書面にすぎず、課税庁はその内容のとおりの減額更正をしたりあるいはそのための調査を行うべき義務を負うものでな

いが、その提出までも法的に禁止している規定及び根拠も存在しない」（佐藤・嘆願書 171 頁）とされています。そのため、納税者が嘆願書を提出したとしても、課税庁は法的には嘆願書に応ずる必要はないとされています。さらに、この嘆願書の課税庁側の位置付けは「その内容が納税者の課税標準等又は税額等の適否を判断するための情報を含んでいるものであるから、課税庁が収集し保管する各種資料と同様のものと位置付けることができる」（佐藤・嘆願書 171 頁）とされています。

　このように嘆願書に法的な効果がなく、情報収集として保管する各種資料に過ぎないのであれば、嘆願書を提出する意味があるか疑問に思えます。これに対し「課税庁は、実務上、『更正の請求が法定の請求期限経過後に行われた場合であっても、その請求に係る事項が更正の請求の有無にかかわらず当然に課税標準等又は税額等を減額すべきものであるときは、これ（筆者注：更正の請求に基づく処理）とは別に更正の処理を行うことに留意する』としている。課税庁によるこのような取扱いによって、事実上、多くの納税者の救済が図られていると思われる」（佐藤・嘆願書 174 頁）とされており平成 23 年度税制改正前において、実務上は、税額等を減額すべきものにつき一定の救済が図られている事実がありました。

　そのため事例 4 のような、減額期間経過後に当然に税額等を減額すべきものが存在する場合、納税者が税務署長に嘆願書を提出する方法も検討すべきと考えます。

🖉 フォーカス

8. 更正の請求期間及び更正決定の除斥期間

1.　納税者が行う更正の請求

（1）通常の更正の請求（通法 23 ①）

　①要件

　　　申告書に記載した課税標準等若しくは税額等の計算が国税に関する法律の規定に従っていなかったこと又は当該計算に誤りがあったことにより、当該申告書の提出により納付すべき税額（当該税額に関し更正があった場合には、当該更正後の税額）が過大であるときは更正の請求を行うことができます。

　　　なお、1 次相続に係る遺産分割未了財産について 2 次相続に係る被相続人が法定相続分を有するものとした相続税申告し、その後、未了財産に係る分割が行われ 2 次相続に係る被相続人が当該未了財産を取得しないこととなる場合には、当初の課税標準等が過大であったこととなるため、この「通常の更正の請求」の要件に該当します。

②更正の請求の期限

　　更正の請求期限は、相続税申告に係る申告期限から5年以内となります。

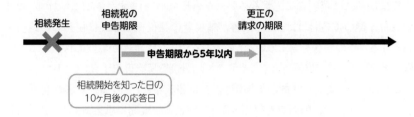

(2) 後発的事由による更正の請求 (通法 23 ②、通令 6)

①要件

　　相続税申告、更正又は決定に係る課税標準等又は税額等の計算の基礎となった事実に関する訴えについての判決等により、その事実が当該計算の基礎としたところと異なることが確定したとき、その申告等をした者に帰属するものとされていた所得その他課税物件が他の者に帰属するものとする当該他の者に係る国税の更正又は決定があったとき (通法 23 ②一、二)、その他次に掲げる事由 (通法 23 ②三、通令 6) に該当するときは「後発的事由による更正の請求」を行うことができます。

1　申告等に係る課税標準等の計算の基礎となった事実のうちに含まれていた行為の効力に係る官公署の許可その他の処分が取り消されたこと。

2　その申告等に係る課税標準等の計算の基礎となった事実に係る契約が、解除権の行使によって解除され、若しくは当該契約の成立後生じたやむを得ない事情によって解除等されたこと。

3　帳簿書類の押収その他やむを得ない事情により、課税標準等の計算の基礎となるべき帳簿書類その他の記録に基づいて国税の課税標準等又は税額等を計算することができなかった場合において、その後、当該事情が消滅したこと。

4　わが国が締結した所得に対する租税に関する二重課税の回避又は脱税の防止のための条約に規定する権限のある当局間の協議により、その申告、更正又は決定に係る課税標準等に関し、その内容と異なる内容の合意が行われたこと。

5　その申告等に係る課税標準等の計算の基礎となった事実に係る国税庁長官が発した通達に示されている法令の解釈その他の国税庁長官の法令の解釈が、更正又は決定に係る審査請求若しくは訴えについての裁決若しくは判決に伴って変更され、変更後の解釈が国税庁長官により公表されたことにより、当該課税標準等が異なることとなる取り扱いを受けることとなったことを知ったこと。

②更正の請求の期限（事由が生じた日から2ヶ月を経過した日が申告期限から5年以内の場合）

　①に掲げる事由が生じた日から2ヶ月を経過した日が申告期限から5年以内の場合は、(1)の規定が適用され更正の請求期限は、相続税の申告期限から5年以内となります。

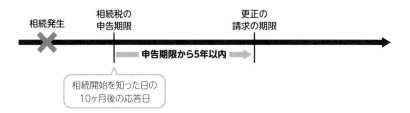

③更正の請求の期限（事由が生じた日から2ヶ月を経過した日が申告期限から5年超の場合）

　①に掲げる事由が生じた日から2ヶ月を経過した日が申告期限から5年超の場合は、更正の請求期限は、事由が生じた日から2ヶ月以内となります。

(3)　相続税法による更正の請求の特則（相法32①）

　①要件

　　相続税申告書を提出した者（決定を受けた者を含む）は、次の1～10の

いずれかの事由により申告又は決定に係る課税価格及び相続税額（修正申告書の提出があった場合には、当該修正申告に係る課税価格及び相続税額）が過大となったときは「相続税法による更正の請求の特則」により更正の請求を行うことができます。

1　未分割遺産に対する課税の規定により分割されていない財産について民法（第904条の2（寄与分）を除く）の規定による相続分又は包括遺贈の割合に従って課税価格が計算されていた場合において、その後当該財産の分割が行われ、共同相続人又は包括受遺者が当該分割により取得した財産に係る課税価格が当該相続分又は包括遺贈の割合に従って計算された課税価格と異なることとなったこと。

2　民法第787条（認知の訴え）又は第892条から第894条まで（推定相続人の廃除等）の規定による認知、相続人の廃除又はその取消しに関する裁判の確定、同法第884条（相続回復請求権）に規定する相続の回復、同法第919条第2項（相続の承認及び放棄の撤回及び取消し）の規定による相続の放棄の取消しその他の事由により相続人に異動を生じたこと。

3　遺留分侵害額の請求に基づき支払うべき金銭の額が確定したこと。

4　遺贈に係る遺言書が発見され、又は遺贈の放棄があったこと。

5　物納条件の規定により条件を付して物納の許可がされた場合において、条件に係る物納に充てた財産の性質その他の事情に関し土壌汚染対策法に規定する特定有害物質その他これに類する有害物質により汚染されていることが判明その他一定の事由が生じたこと。

6　上記1～5の事由に準ずるものとして次の事由が生じたこと（相令8②）。
・相続若しくは遺贈又は贈与により取得した財産についての権利の帰属に関する訴えについての判決があったこと。
・相続の開始後に認知された者の価額の支払請求権（民910）の規定による請求があったことにより弁済すべき額が確定したこと。
・条件付の遺贈について、条件が成就したこと。

7　特別縁故者に対する相続財産の分与、特別寄与者が支払を受けるべき特別寄与料の額が確定した場合。

8　未分割遺産が分割されたことにより、期限内申告の相続税額が配偶者の税額軽減、小規模宅地等についての相続税の課税価格の計算の特例等の規定を適用して計算した相続税額と異なることとなったこと。

9　国外転出をする場合の譲渡所得等の特例の適用がある場合の納税猶予の規定により国外転出をした者に係る納税猶予分の所得税額に係る納付の義務を承継したその者の相続人が当該納税猶予分の所得税額に相当する所得税を納付することとなったこと等。

10　贈与税の課税価格計算の基礎に算入した財産のうちに相続開始年分の贈与に該当するものがあったこと。

②更正の請求の期限（事由が生じた日から4ヶ月を経過した日が申告期限から5年以内の場合）

更正の請求の期限は短縮されます（配偶者の税額軽減の適用に係るものを除く）。

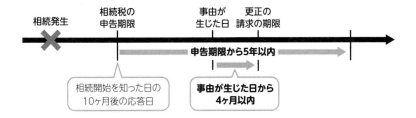

ただし、配偶者の税額軽減に係る更正の請求期限は、当該分割が行われた日から4ヶ月を経過する日と相続税申告書の提出期限から5年を経過する日とのいずれか遅い日となるため、更正の請求期限は短縮されません（相基通32-2）。

③更正の請求の期限（事由が生じた日から4ヶ月を経過した日が申告期限から5年超の場合）

更正の請求の期限は延長されます。

2.　税務署長による更正決定及びその期間制限

(1)　原則（通法 70 ①）

　　相続税の申告期限から 5 年を経過した日以後においては、更正及び決定をすることができないとされています。

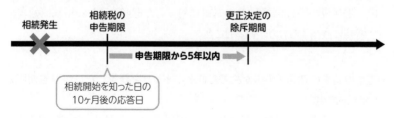

(2)　更正の除斥期限前 6 ヶ月以内にされた更正の請求に係る更正等に係る加算税（通法 70 ③）

　　2.(1)の規定により、更正をすることができないこととなる日前 6 ヶ月以内にされた更正の請求に係る更正又は当該更正に伴って行われることとなる加算税についてする賦課決定は、2.(1)の規定にかかわらず、当該更正の請求があった日から 6 ヶ月を経過する日まで、することができます。

(3)　不正行為があった場合（通法 70 ⑤）

　　偽りその他不正の行為によりその全部若しくは一部の税額を免れ、又はその全部若しくは一部の税額の還付を受けた国税（当該国税に係る加算税及び過怠税を含む）についての更正決定等については、相続税の申告期限又は日から 7 年を経過する日まで、することができるとされています。

（4）国税の更正、決定等の期間制限の特例（通法71①二）

　申告納税方式による国税につき、その課税標準の計算の基礎となった事実のうちに含まれていた無効な行為により生じた経済的成果がその行為の無効であることに基因して失われたこと、当該事実のうちに含まれていた取り消しうべき行為が取り消されたことその他これらに準ずる理由に基づいてする更正（納付すべき税額を減少させる更正等に限られます）については、その理由が生じた日から3年間は更正をすることができます。

　その他これらに準ずる理由とは、国税通則法第23条第2項第1号及び第3号（更正の請求）（第6条第1項第5号（更正の請求）に掲げる理由を除く。）（1.(2)①参照）並びに国税通則法以外の国税に関する法律の規定により更正の請求の基因とされている理由（修正申告書の提出又は更正若しくは決定があつたことを理由とするものを除く）とされています（通令24④、通令30）。なお、納税者により「相続税法の更正の請求の特則（相法35③）」による更正の請求が行われた場合の税務署長による更正、決定等の期限は2.(5)を参照して下さい。

　なお、1次相続に係る未分割遺産に対する課税（相法55）の規定により分割されていない財産について民法の規定による法定相続分により課税価格を計算した場合において、その後分割が行われ、分割により取得した財産に係る2次相続の課税価格が当初申告の課税価格を下回る場合の減額更正の期限は、遺産分割協議の確定日から3年間となります。

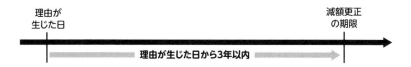

（5）相続税法の更正の請求の特則による更正決定（相法35③）

　税務署長は、相続税法第32条第1項第1号から第6号（前記1.(3)①1～6）に掲げる理由による更正の請求に基づき更正をした場合、請求をした者の被相続人から相続等により財産を取得した他の者が、期限内申告書等に係る課税価格又は相続税額がこの更正の請求により課税価格又は相続税額と異なること等となるときは、当該事由に基づき、その者に係る課税価格又は相続税額の更正又は決定をします。

　ただし、当該請求があった日から1年を経過した日と国税通則法第70条（国税の更正、決定等の期間制限）の規定により更正又は決定をすることができな

いこととなる日とのいずれか遅い日以後においては、この限りでないとされています。

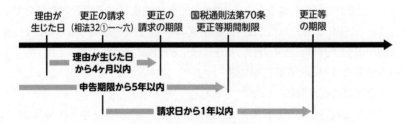

（6）相続税についての更正、決定等の期間制限の特則（相法 36）

　国税通則法第 70 条第 1 項（国税の更正、決定等の期間制限）（2.(1)参照）の規定により更正をすることができないこととなる日前 6 ヶ月以内に相続税について国税通則法第 23 条第 1 項（更正の請求）の規定による更正の請求（1.(1)参照）がされた場合において、当該請求に係る更正に伴い当該請求をした者の被相続人から相続等により財産を取得した他の者の相続税の課税価格又は相続税額に異動を生ずるときは、当該相続税に係る更正若しくは決定等は 2.(1)の規定にかかわらず、請求があった日から 6 ヶ月を経過する日まで、することができます。この規定は令和 5 年税制改正により創設され、令和 5 年 4 月 1 日以後に申告書の提出期限が到来する相続税について適用されます。

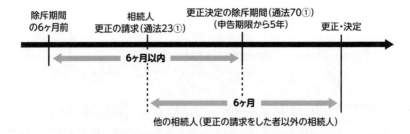

事例5

1次相続に係る遺産分割未了財産の2次相続に係る取り扱い
～1次相続の相続人が所在不明である場合～

　令和×9年1月に●●法務局の登記官より母宛に●●県●●市の宅地（以下「発見財産」とする）につき「相続登記の申請義務違反により義務の履行を催告する」旨の通知がありました。昭和55年に父に相続（1次相続）が発生しましたが、発見財産は固定資産税の通知がなく父の遺産として把握がされておらず遺産分割協議も行われていませんでした。なお遺産分割協議書に新たな発見財産に係る取得者についての記載はありません（事例1【解説】**1**参照）。

　その後令和×9年12月に子1に相続（2次相続）が発生しました。父名義の発見財産について母、子2、子1の配偶者、孫で遺産分割協議を行わなければなりませんが、子2は所在不明となっています。子2に配偶者及び子はいません。

Q1 この場合、発見財産について、どのように遺産分割協議を行えばよいでしょうか。

Q2 発見財産について、子1の相続（2次相続）に係る相続税申告についてどのように取り扱うべきでしょうか。

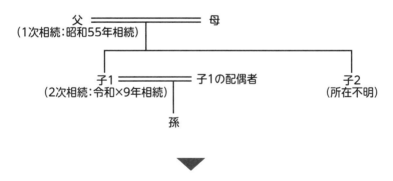

（1次相続：昭和55年相続）父 ＝＝＝ 母
子1（2次相続：令和×9年相続）＝＝＝ 子1の配偶者　　　子2（所在不明）
孫

回答

A1　子2について、失踪宣告の手続きをするか、又は財産管理人の選任請求の手続きを行います。失踪宣告の場合は、子2の有していた父の相続人の地位を母が承継し、母は相続人兼2の相続人として遺産分割協議に参加します。子1は父の相続人となっていますが、すでに亡くなっているためその相続人で

ある子1の配偶者及び孫が遺産分割協議に参加します。

　一方で財産管理人の選任請求の手続きが行われる場合には家庭裁判所に選任された子2の財産管理人が、子2に代わって遺産分割協議に参加します。

A2　発見財産の評価額の1/4を2次相続に係る相続財産に含め、子1の相続人が2次相続に係る相続税申告を行うこととなります。

解説

■ 所在不明の相続人がいる場合の遺産分割

①相続人が所在不明である場合の手続きの概要

　子2の所在が不明である場合の対応として、失踪宣告と財産管理人の選任請求の二種類があります。失踪宣告は、不明者につき、その生死が7年間明らかでないとき（普通失踪）、又は戦争、船舶の沈没、震災などの死亡の原因となる危難に遭遇しその危難が去った後その生死が1年間明らかでないとき（危難失踪）は、家庭裁判所は、申立てにより、失踪宣告をすることができます。失踪宣告とは、生死不明の者に対して、法律上死亡したものとみなす効果を生じさせる制度です（民30、民31）。財産管理人の選任請求とは、相続人らが不明者の最後の住所地又は居所地を管轄する家庭裁判所に財産管理人の選任を請求することです。選任された財産管理人は家庭裁判所に一定の手続きを行った上で遺産分割協議に参加することとなります。

②失踪宣告

　子2の失踪宣告がされた場合、子2は死亡したものとみなされるため、子2の有していた父の相続人の地位を、さらに母が承継します。そこで母は父の相続人としての立場と、子2の相続人としての立場両方で遺産分割協議に参加することになります。

③財産管理人の選任請求

　所在不明になっている子2の財産管理人の選任を家庭裁判所へ申し立てることができます。この時、不在者の利害関係人（不在者の配偶者、相続人にあたる者、債権者など）又は検察官が申立をすることになります。なお、財産管理人の権限は不在者の財産を保存することが主ですので、不在者に代わって遺産分割協議を行う場合は、「権限外行為許可」という手続きをした上で、財産管理人が遺産分割協議に参加します。

2 1次相続に係る遺産分割未了財産の2次相続に係る取り扱い

　子1の相続に係る相続税の申告期限までに、1次相続に係る遺産分割未了財産の遺産分割協議が成立し、子1が当該財産を取得することとなる場合には、子1の相続財産として子1の相続人が遺産分割協議により取得者を確定し相続税申告を行います。

　仮に子1の相続に係る相続税の申告期限までに、1次相続に係る遺産分割未了財産の遺産分割協議が成立しない場合には、子1は民法の規定により法定相続分の権利を有することとなります（民898、民899）。

　本事例では1次相続に関し子1は1/4の法定相続分を有します。よって発見財産の評価額の1/4を2次相続に係る相続財産に含め、子1の相続人が2次相続に係る相続税申告を行うこととなります。その後、1次相続に係る遺産分割が確定した場合において、法定相続分を超える財産を子1が取得することとなる場合には、子1の相続人において修正申告を行い、法定相続分に満たない財産を取得する場合には更正の請求を行うこととなります（事例4）。

　なお、1次相続に係る発見財産の遺産分割が未了である場合の2次相続に遺産分割協議書については、原則として2次相続に係る遺産分割協議書に発見財産の記載（発見財産に係る土地の所在地等の記載）は行いません。

　そのため2次相続に係る遺産分割協議書においては、新たな発見財産に係る取得者のみを定めておく方法があります（事例1【解説】1(2)新たな財産が発見されたときのための遺産分割協議書の記載例）。

事例 6

相続人が成年被後見人である場合

　父に相続が発生しましたが、相続人が母と子となっています。母は認知症を患っており成年被後見人となっています（成年後見人は父の相続開始前から X 司法書士が就任しています）。

　なお、母は実家からの相続で多額の資産を有しているため 2 次相続の相続税負担を踏まえ、子は父の遺産の全部を相続したいと考えています。

　この場合、子は父の遺産の全部を相続する遺産分割協議を行うことは可能でしょうか。

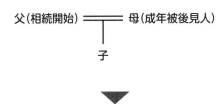

回答

　成年後見人（本事例では X 司法書士）が、母（相続人である成年被後見人）に代わって遺産分割協議に参加します。

　なお、成年後見人は母の法定相続分を守るべく遺産分割協議を行う必要があるため、原則的には子が父の遺産の全部を相続することは難しいと考えられます。

解説

　成年後見人は成年被後見人の法定代理人であるため、遺産分割協議などの法律行為を代理して行います。

　なお、成年被後見人の代わりに遺産分割協議を行う者は、原則として、成年被後見人の法定相続分を下回らないよう主張するなど、本人の利益を十分に守るよう行動することが求められます。仮に何らかの事情があり法定相続分を取得することができない場合などは、事前に家庭裁判所へ相談するなどの対応が望ましいです。

　本事例外ですが仮に相続人である子が成年後見人の場合は、成年後見人と成年被後見人の利益が相反するため、成年後見人が成年被後見人に代わって遺産分割協議を行うことができません。そのようなケースでは、後見監督人がいる場合は後見監督人が、後見監督人がいない場合は家庭裁判所に選任された特別代理人が遺産分割協議に参加します。

　また、母が行うべき相続税申告の期限は、母が「相続開始の事実を知ることのできる弁識能力がない者」に該当するため、法定代理人（本事例では成年後見人であるX司法書士）が相続の開始があったことを知った日の翌日から10月を経過する日となります（相基通27-4(7)）。仮に相続開始の時に法定代理人がいないときの相続税申告は、後見人の選任された日の翌日から10月を経過する日となります。また子が行うべき相続税申告は、従来通り子が相続の開始があったことを知った日の翌日から10月を経過する日となります（相法27）。

　なお母は成年被後見人であり「精神上の障害により事理を弁識する能力を欠く常況にある者」に該当するため、相続税法上の障害者控除の対象となる特別障害者に該当します（相法19の4、相令4の4②一）（国税庁文書回答事例「成年被後見人の相続税における障害者控除の適用について」）。

第2章

共有物の利用促進
（共有物の変更・管理に関する見直し）

事例7

反対する共有者がいる場合の軽微な変更（アスファルト舗装など）

甲、乙、丙共有（持分各1/3）の土地につき、甲、乙はアスファルト舗装をして、駐車場として第三者丁に期間を1年間に定めて貸したいと考えています。丙はこれに反対しています。

この場合、次の取り扱いはどのようになりますか。

Q1 甲、乙は土地を駐車場として第三者丁に貸すことができますか。

Q2 反対している丙はアスファルト舗装費用等を負担する義務はありますか。

Q3 丙は誰に対して賃料を請求する権利がありますか。

Q4 甲は丁から駐車場代を収受し、土地に係る固定資産税等の経費を負担し、その残額の1/2を乙に毎年送金しています。毎年甲及び乙は駐車場に係る不動産所得（全体の1/2）について所得税等を納めていました。

丙が甲及び乙に対して丙の持分に相当する賃料（全体の1/3）に係る不当利得返還請求を行う場合、すでに甲及び乙が納めた全体の1/3に係る返還請求額に係る所得税等について、甲及び乙が丙に対し返還する額との相殺は認められますか。

Q5 4の不当利得返還請求による返還が行われた場合、この甲及び乙がすでに納めた全体の1/3に係る返還請求額に係る所得税等の取り扱いはどのようになりますか。

回答

A1　土地をアスファルト舗装する行為は「その形状又は効用の著しい変更を伴わない」軽微な変更であって、共有者の持分の価格の過半数で決定できます。また、期間1年間と定めて土地を駐車場として賃貸する行為は「管理」に該当し、共有者の持分の価格の過半数で決定できます。したがって、甲、乙の賛成で持分の価格の過半数を確保できるので、丙が反対したとしても甲、乙は土地を駐車場として第三者丁に貸すことができます。

A2　丙は、共有物の管理につき甲乙の持分価格の過半数の決定に拘束されるので、持分に応じて1/3のアスファルト舗装の費用を負担する義務があります。

A3　丙は、共有持分に応じて賃貸借契約上の代表者である甲、乙に対し自己の持分に応じた賃料相当額を求償できます。

A4　甲及び乙がすでに納めた全体の1/3に係る返還請求額に係る所得税等について甲及び乙が行う丙に対する返還額との相殺は認められません。

A5　丙が不当利得返還請求を行い甲及び乙が家賃の返還を行う場合、甲及び乙は返還が確定した日から一定期間内に更正の請求を行うことができます。なお、これにより甲及び乙に減額の更正が行われる場合、丙に対して税務署長は増額の決定又は更正を行うことになります。

解説

① 第三者への賃貸について（管理の範囲の拡大と明確化）

（1）改正法により軽微変更も持分の価格の半数で決定することが可能

　　改正前の民法は、共有物の変更はすべての共有者の同意がなければできないと定めているだけでした（旧民251）。したがって、共有物に軽微な変更を加える場合であっても、変更行為として共有者全員の同意が必要とされる余地がありました。それでは、共有物の円滑な利用、管理が阻害されてしまいます。そこで、改正法は共有物に変更を加える行為であっても、形状又は効用の著しい変更の伴わないものついては、持分の価格の過半数で決定することができると規定し、管理行為の範囲を拡大しました（法務基礎編第2章、2共有物の利用促進Q3）。具体的には砂利道のアスファルト舗装、建物の外壁・屋上防水等の大規模修繕工事もいわゆる軽微変更として持分価格の過半数で決定することができるようになりました（法務基礎編第2章、2共有物の利用促進Q4）。

(2)改正法により短期賃借権等の設定も管理にあたることが明確化

　旧民法においても、賃借権の使用収益権の設定は、原則として管理行為にあたるとされていましたが、長期間の賃借権は変更行為に該当し、全員の同意が必要と解されていました。実務的には、どのような賃貸借が長期賃貸借に該当しない賃貸借にあたるか明確でないため、長期短期にかかわらず、賃貸借契約の効力に疑義が生じないよう、全員の同意を取る扱いが行われていました。しかし、それでは、共有物の円滑な利用を十分に図ることができません。そこで、改正法は一定の期間を超えない短期賃借権の設定は、管理行為にあたるとして持分の価格の過半数で決定できるものと規定しました。

　ただし、借地借家法の適用のある建物賃貸借契約や借地契約は当事者間で短期の期間を定めても、賃貸人が更新拒絶の通知や解約の申し入れをするにあたって正当事由が必要とされるので、事実上、長期間にわたって賃貸借契約が継続する蓋然性が高く、共有者に与える影響が大きいので共有者全員の同意が必要となります。

　借地借家法が適用されない短期の賃貸借契約として、存続期間が5年以内の土地の駐車場賃貸借、資材置場賃貸借、存続期間が3年以内の定期建物賃貸借（借借法38①）、取り壊し予定の建物の賃貸借（借借法39①）、一時使用目的の土地・建物賃貸借（借借法25、借借法40）などが管理行為として持分の価格の過半数の決定で契約を締結できます（法務基礎編第2章、2共有物の利用促進Q5）。

　本事例におけるアスファルト舗装工事は、土地の形状や効用に著しい変更を伴わない軽微な変更といえ、甲、乙の賛成により、アスファルト工事を実施できます。また存続期間1年間の駐車場賃貸借契約は、新民法第252条第4項第2号の短期賃貸借契約に該当し、甲、乙の賛成のみで契約を締結できます。

種類	具体例	同意要件
変更	・建物所有目的の土地賃貸借 ・通常の建物賃貸借　　　　　　etc	全員の同意
軽微変更	・アスファルト補装 ・外壁・屋上防水の大規模修繕　etc	持分価格の過半数
管理	・定期建物賃貸借 ・一時使用土地・建物賃貸借 ・資材置き場のための短期土地賃貸借 etc	持分価格の過半数

② アスファルト舗装について（管理に関する費用の負担）

　共有物に関する費用負担は、各共有者がその持分に応じて管理の費用を支払い、その他共有物に関する負担を負う（民253①）とされています。アスファルト舗装工事が軽微な変更行為として持分の価格の過半数によって決定された以上、これに反対した共有者も変更行為に関する意思決定に拘束されるものと解されます。したがって、アスファルトの舗装工事費用は「管理の費用」として、共有者が持分に応じて負うことになります。本事例では丙はアスファルト舗装工事の代金の1/3を負担せざるを得ないこととなります。

　ただし、実務的には、甲及び乙が丙の負担すべきアスファルト舗装費用を立て替え、丙が不当利得返還請求を行った際に、費用と返還額を対等額で相殺されることになるでしょう。

③ 賃料支払請求権の帰属について

　駐車場の賃貸借契約の貸主は、丁との間で賃貸借契約を締結した共有者です。本事例では駐車場の賃貸借契約に賛成した甲及び乙が、丁との間で賃貸借契約の貸主として契約書に記名押印することになりますので、貸主は甲及び乙となります。この点、反対した共有者も他の共有者の意思決定に拘束され、自己の共有持分につき賃貸人の地位に就くとの考え方もありますが、判例の中には、賃借人との関係で契約上の義務を負うのは、契約を行った者であると判示するものがあります（東京地判平成29.2.24-D1-Law29045498）。すなわち、「共有者の間において、本件居室を目的とする賃貸借契約を締結するためには、各共有者の持分の価格に従い、その過半数の賛同を得る必要があること（民252）と、契約の締結に賛成した共有者が貸主であるかどうかは、全く別の問題であり、賃貸借契約上の貸主となるのは、飽くまで契約上貸主（賃貸人）として契約を締結した者であるから、共有物の共有者が共有物を目的とする賃貸借契約の締結に賛成したとしても、その事実から直ちに契約の当事者となって借主（賃借人）に対する貸主（賃貸人）の義務を負うことはない」と判示しています。したがって、この考え方に従えば、反対した共有者は、賃貸借契約の貸主として、賃借人との関係で直接、権利義務を負わないことになり、持分に応じた賃料相当額については、賃貸人である他の共有者に対して不当利得返還請求を行うことになります。

　これは民法において、各共有者は、共有物の全部について、その持分に応じた使用をすることができるとされているためです（民249）。

　本事例の丙は、甲及び乙に対し、1/3 の自己の共有持分に応じた賃料相当額の金銭の支払請求権（不当利得返還請求権）を有することになります。なお、不当利得返還請求権は、債権者が権利を行使することができることを知った時から5年間行使しないとき又は権利を行使することができる時から10年間行使しないときは時効によって消滅します（民166①）。

　実務においては賃貸借契約を締結する際は、甲及び乙は反対する丙を説得して、全員が貸主として契約書に署名（記名）押印することが望ましいと思われます。丙の最終的な同意が得られない場合は、契約書に共有者全員の名前を所有者として記載し、貸主欄に貸主代表として、甲、乙が署名（記名）押印することが一般的です（ **参考** 土地の持分所有者が駐車場賃貸契約に携わらない場合の契約書例）。賃料の振込口座も、他の共有者から賃料の代理受領権を与えられた甲か乙のいずれかの振込口座に指定され、丙は、甲又は乙に対し、代理受領した 1/3 の賃料相当額を請求します。

　なお、丙がアスファルトの舗装工事代金の支払いも拒否するときは、甲乙丙間の話し合いにより、丙は賃貸借契約の当事者とならず、甲、乙に対して、自己の持分を貸渡して、甲、乙から持分の使用対価として賃料を請求するという選択肢も考えられます（新民249②）。

❹ 不当利得返還請求に係る所得税等の返還義務について

　賃料の帰属に対して、他の共有者が契約者に対して不当利得返還請求を行い他の共有者の持分に相当する賃料等が返還されることとなった場合、契約者が返還した賃料等に係る所得税等の取り扱いについて検討します。これについては賃料収入のうち他の共有者に帰属する部分を含め賃貸借契約を締結した共有者の不動産所得に係る収入金額に計上して所得税の確定申告をした結果同税及び市県民税を過大に支払ったことが事務管理にあたるなどとして，事務管理に基づく費用償還請求権との相殺を主張した判例（最高裁平22.1.19 第3小法廷判決）があります。

　当該判例では「所得税は、個人の収入金額から必要経費及び所定の控除額を控除して算出される所得金額を課税標準として、個人の所得に対して課される税であり、納税義務者は当該個人である。本来他人に帰属すべき収入を自己の収入として所得金額を計算したため税額を過大に申告した場合であっても、それにより当該他人が過大に申告された分の所得税の納税義務を負うわけではなく、申告をした者が申告に係る所得税額全額について納税義務を負うことになる。また、

過大な申告をした者が申告に係る所得税を全額納付したとしても、これによって当該他人が本来負うべき納税義務が消滅するものではない。したがって、共有者の１人が共有不動産から生ずる賃料を全額自己の収入として不動産所得の金額を計算し、納付すべき所得税の額を過大に申告してこれを納付したとして、過大に納付した分を含め、所得税の申告納付は自己の事務であるから、他人のために事務を管理したということはできず、事務管理は成立しないと解すべきである。」と判示しております。このように事務管理に該当しない場合には、反対債権として不当利得返還請求との相殺は認められません（ただし、当事者間の合意で、過大に納付した分の所得税と不当利得返還請求権とを相殺することは差し支えないと考えられます）。

　そのため本事例における甲及び乙がすでに納めた全体の1/3に係る返還請求額に係る所得税等について甲及び乙が行う丙に対する返還額との相殺は認められません。

　一方で丙が負担すべきアスファルト舗装費用、土地に係る固定資産税等及び構築物に係る償却資産税等（全体費用の1/3）を甲及び乙が負担した場合には、丙が不当利得返還請求を行った際に反対債権として返還額と相殺されることとなります（前記**2**）。

5 各共有者の税務申告について

　原則的には不動産から生ずる所得はその所有者に帰属するものとして所得税申告をします。これは所得税基本通達において、「資産から生ずる収益を享受する者がだれであるかは、その収益の基因となる資産の真実の権利者がだれであるかにより判定すべき」とされているからです（所基通 12-1）（事例9【解説】**1**）。共有不動産を賃貸している場合には、原則的には各共有者に所得が帰属するものとして所得税申告を行います。なお収入金額の計算については、各共有者は、共有物の全部について、その持分に応じた使用をすることができるため（民 249）、全体の収入金額に各共有者の持分を乗じ各共有者の収入金額を確定します。必要経費については、各共有者は、その持分に応じ、管理の費用を支払い、その他共有物に関する負担を負うため（民 253）、全体の必要経費に各共有者の持分を乗じ各共有者の必要経費の額を確定します。

　一方で本事例のように共有者の一部の者が契約者となっている場合について検討します。

　裁判例（東京地裁平 29.2.24）では、共有物の賃貸が持分の過半数をもって可

能としても、賃借人との関係で契約上の義務を負うのは、契約を行った者であると
しています（前記**3**）。

　本事例では、甲及び乙が契約者であり実際に賃料を収受していたため、甲及び
乙が当該駐車場の不動産所得に係る所得税申告を行っていました。

　このため丙が不当利得返還請求を行い甲及び乙が賃料等の返還を行うことが
確定した場合、これが国税通則法に規定する更正の請求事由に該当するか検討
します。

　不当利得返還請求の裁判による確定日が、返還を行う共有者に係る所得税の
法定申告期限から 5 年以内の場合は、通常の更正の請求を行うことができます（通
法 23 ①）。

　一方で当該確定日が所得税の法定申告期限から 5 年超の場合は、後発的事由
に基づく更正の請求を行うことができるかが問題となります（通法 23 ②）。

　前記裁判例においては、賃借人との関係で契約上の義務を負うのは、契約を
行った者ということから、仮に契約者のみに賃料等に係る申告義務が生ずるもの
と仮定します。

　この場合、契約者とならなかった共有者が不当利得返還請求を行い返還が確
定することで当該請求者に初めて納税義務が生ずることとなり、請求を受けた共
有者はこれにより、当初の税額が過大であったことが確定します。これは国税通
則法に規定する後発的事由（その申告に係る課税標準等又は税額等の計算の基
礎となった事実に関する訴えについての判決により、その事実が当該計算の基礎
としたところと異なることとなること）に該当し、当該判決の日の翌日から起算し
て 2 ヶ月以内に更正の請求を行うことができると考えられます（通法 23 ②、通令 6）。
また税務署長が行う減額更正の期間は、この返還が確定した日から 3 年間となり
ます（通法 71 ①二）。そのため納税者が返還の確定した日から 2 ヶ月以内に更正
の請求を行うことを失念した場合、返還の確定した日から 3 年以内であれば税務
署長に対し嘆願書に相当する書面を提出することにより税金の還付をお願いする
こととなります（事例 4【解説】**3**④）（🔍**フォーカス 7. 嘆願書とは**）。

　一方で実質所得者課税の原則（事例 9【解説】**1**）により、契約当初から契約
者が単なる名義人であり共有者がその持分に応じて収益を享受する者とされる場
合、本来は共有者が共有持分に応じ申告すべきところ、契約者が誤って課税標準
を計算していたこととなります。

　この場合申告税額が過大であったことに対する更正の請求は、法定申告期限か
ら 5 年以内に限り認められます（通法 23 ①）。

　なお実質所得者課税により判断される納税義務者が誰になるかは契約関係等の事実認定（事例9【解説】❶）に基づき判断されることとなります。

　また、更正の請求に基づき甲及び乙に減額の更正が行われる場合、丙に対して税務署長は増額の決定又は更正を行うこととなります。

参考　**土地の持分所有者が駐車場賃貸契約に携わらない場合の契約書例**

契約書末尾

共有者氏名
甲
乙
丙

賃貸人
甲　　　　　　　　㊞
乙　　　　　　　　㊞

事例 8

土地所有者とは異なる構築物所有者の駐車場収入の帰属
～共有者の賛成が得られない共有物の軽微な変更～

　甲、乙、及び丙が共有（持分各1/3）で所有する土地があり、甲・乙はアスファルト舗装をし、甲及び乙の自らの管理のもと駐車場経営を行うことを望んでいますが、丙は駐車場経営に反対しています。甲及び乙は丙に対しアスファルト舗装を行うことについて事前催告をしました。その結果、丙はアスファルト舗装の費用負担は行わず甲及び乙に持分1/3について土地賃貸借契約を行い一定の地代を受け取ることで合意しました。

　この場合、次の取り扱いはどのようになりますか。

Q1 当該土地に駐車場舗装を行うことは可能ですか。

Q2 当該駐車場につき貸主及び借主との間で駐車場賃貸借契約はどのように行われますか。

Q3 地代に係る法務及び税務上の取り扱いはどのようになりますか。

Q4 駐車場に係る収入の帰属先は誰となり、課税関係はどのようになりますか。

アスファルト舗装（甲及び乙で費用負担）

甲　　　　乙　　　　丙

（同意）　（同意）　（反対）

アスファルト舗装（甲及び乙で費用負担）
甲、乙、丙共有（持分各3分の1）の土地

回答

A1　甲及び乙で持分の価格の過半数の同意が得られていますので、甲及び乙は、アスファルト舗装を行うことができます。この場合、事例7と異なり、甲乙丙間で費用負担につき甲及び乙が負担することの合意があるので、舗装の費用負担は甲及び乙が行うこととなります。

A2　甲及び乙が駐車場使用者と賃貸借契約を締結します。丙は駐車場契約の貸主となりません。丙は、1/3 の持分につき甲と乙との間で、別途、土地賃貸借契約を締結することになります。

A3　甲及び乙は、丙と構築物の所有を目的とする土地賃貸借契約を締結します。また、甲及び乙が丙に支払う地代は不動産所得の必要経費とされ、丙が受け取る地代は不動産所得の収入金額とされます。

A4　駐車場収入は甲及び乙に帰属し不動産所得に係る所得税の課税関係が生じます。

解説

1 アスファルト舗装の可否について

共有物に変更を加える行為であっても、形状又は効用の著しい変更を伴わないもの（軽微変更）については、持分の価格の過半数で決定することができます（新民 251 ①、新民 252 ①）。

また、「形状の変更」とは、その外観、構造等を変更することをいい、「効用の変更」とは、その機能や用途を変更することをいいます。具体的事案によりますが、例えば、砂利道のアスファルト舗装や、建物の外壁・屋上防水等の大規模修繕工事は、基本的に共有物の形状又は効用の著しい変更を伴わないものにあたると考えられます（法務基礎編第 2 章、2 共有物の利用促進 Q4）。

なお本事例では、丙が最終的に駐車場契約に同意しているので、アスファルト舗装工事を行うことに共有者全員の同意があることになります。また、アスファルト舗装の費用を丙が負担しないことについて、甲及び乙が承諾しているため、当該費用負担は甲及び乙が行うこととなります。

2 当該駐車場につき貸主（甲及び乙）と借主の間で駐車場賃貸借契約はどのように行われるか

当該駐車場について、甲及び乙が駐車場使用者との間で賃貸借契約を締結することになり、甲及び乙が貸主、駐車場使用者が借主となります。他方、甲及び乙は、持分 1/3 につき、丙との間で賃貸借契約を締結し、甲及び乙は地代を丙に支払う関係となります。

❸ 地代に係る法務及び税務上の取り扱い

①法務上の取り扱い

借地人が構築物の所有を目的とする土地賃貸借契約について、アスファルト舗装の構築物は建物ではないため、駐車場契約は、建物所有を目的とする借地契約を規律する借地借家法の適用はありません。民法の規定に従うことになり、駐車場使用者においては、借地借家法の定める法定更新や正当事由による解約など借地人を保護する規定は適用されません。

②税務上の取り扱い

（ア）所得税に係る取り扱い

丙が有する当該土地の1/3部分について土地賃貸借契約が締結されるため、その地代収入は丙の不動産所得の収入金額となります。一方で甲及び乙が駐車場経営に係る構築物の所有を目的とし丙に支払う地代は、甲及び乙に係る不動産所得の必要経費として取り扱われます。

（イ）相続税に係る構築物に係る敷地評価の取り扱い

丙は構築物所有者の費用でアスファルト舗装の費用負担を認めるような契約であるため、土地の賃貸借として取り扱われます。丙に相続が発生した場合には、丙の持分に相当する土地の自用地としての価額から、賃借権（下図網掛部分）の価額を控除した金額によって評価されます（評基通86）。

一方で甲及び乙には、丙の有する持分部分1/3について賃借権(甲,乙各1/6(1/3×1/2))が発生します（下図網掛部分）。よって甲及び乙に相続が発生した場合には、当該賃借権を相続財産に含めることとなります（評基通87）。この場合の賃借権の価額は、次の区分に応じたそれぞれの価額となります（ **参考** 賃借権の価額）。

		賃借権　甲・乙各　1/6
甲　1/3	乙　1/3	丙　1/3

参考 賃借権の価額（評基通87）

(1)　地上権に準ずる権利として評価することが相当と認められる賃借権（例えば、賃借権の登記がされているもの、設定の対価として権利金や一時金の支払のあるもの、堅固な構築物の所有を目的とするものなど）

③と④のいずれか大きい金額を賃借権の価額とします。

①　賃借権の価額＝自用地評価額×残存期間に応じ賃借権が地上権である場合の（注 1）法定地上権割合（相法 23）

（注 1）法定地上権割合（相法 23）

残存期間が 10 年以下のもの　100 分の 5

残存期間が 10 年を超え 15 年以下のもの　100 分の 10

残存期間が 15 年を超え 20 年以下のもの　100 分の 20

残存期間が 20 年を超え 25 年以下のもの　100 分の 30

残存期間が 25 年を超え 30 年以下のもの及び地上権で存続期間の定めのないもの　100 分の 40

残存期間が 30 年を超え 35 年以下のもの　100 分の 50

残存期間が 35 年を超え 40 年以下のもの　100 分の 60

残存期間が 40 年を超え 45 年以下のもの　100 分の 70

残存期間が 45 年を超え 50 年以下のもの　100 分の 80

残存期間が 50 年を超えるもの　100 分の 90

---

②　賃借権の価額＝自用地評価額×賃借権が借地権であるとした場合に適用される借地権割合

③　①と②のいずれか低い金額

④　賃借権の価額＝自用地評価額×（注 2）残存期間割合

（注 2）残存期間割合

残存期間が 5 年以下のもの　　　　　　　　　100 分の 5

残存期間が 5 年を超え 10 年以下のもの　　　100 分の 10

残存期間が 10 年を超え 15 年以下のもの　　100 分の 15

残存期間が 15 年を超えるもの　　　　　　　100 分の 20

(2)(1)に掲げる賃借権以外の賃借権

①と②のいずれか大きい金額を賃借権の価額とします。

①　賃借権の価額＝自用地評価額×残存期間に応じ賃借権が地上権である場合の法定地上権割合（相法 23）×1/2

法定地上権割合は（1）①参照

②　賃借権の価額＝自用地評価額×（注 3）残存期間割合

（注 3）残存期間割合

残存期間が 5 年以下のもの　　　　　　　　　100 分の 2.5

残存期間が 5 年を超え 10 年以下のもの　　　100 分の 5

残存期間が 10 年を超え 15 年以下のもの　　100 分の 7.5

残存期間が 15 年を超えるもの　　　　　　　100 分の 10

❹ 駐車場収入に係る所得税申告について

　所得税法第 12 条の実質所得者課税の原則では、「資産又は事業から生ずる収益の法律上帰属するとみられる者が単なる名義人であつて、その収益を享受せず、その者以外の者がその収益を享受する場合には、その収益は、これを享受する者に帰属するものとして、この法律の規定を適用する。」とされています。さらに所得税基本通達において、「資産から生ずる収益を享受する者がだれであるかは、その収益の基因となる資産の真実の権利者がだれであるかにより判定すべきであるが、それが明らかでない場合には、その資産の名義者が真実の権利者であるものと推定する。」(所基通 12-1) とされており、駐車場収入の基因となる資産の真実の権利者が実際に誰であるかにより判断することとなります。

　本事例では使用貸借ではなく土地賃貸借による借主である甲及び乙が、自ら土地の収益権を得て、さらには構築物の費用負担を行い、自らの管理により駐車場経営を行っているものです。

　民法では賃貸借は、当事者の一方がある物の使用及び収益を相手方にさせることを約し、相手方がこれに対してその賃料を支払うこと及び引渡しを受けた物を契約が終了したときに返還することを約することによって、その効力を生ずる (民 601) としているため、借主は使用収益権を得ることとなります。なお、使用収益を得る点については、使用貸借についても同様となります (事例 9)。

　本事例のように①借主がアスファルト舗装等の構築物を有し、かつ、②土地所有者と一定の土地賃貸借契約を締結がされている場合、土地の借主に一定の使用収益権及び賃借権が発生しているため、駐車場収入の帰属は借主にあると考えられます。そのため丙が有する土地の持分 1/3 部分について甲及び乙に駐車場収入が帰属し、不動産所得に係る所得税の課税関係が生じます。

事例9

土地所有者とは異なる構築物所有者の駐車場収入の帰属
（親子間の使用貸借により子が土地及び構築物を借りて駐車場を賃貸している場合）

　甲はその所有する土地の上にアスファルト舗装を行い、駐車場賃貸業を営んでいます（甲は第三者の管理会社に駐車場の管理を依頼しています）。

　このたび乙が当該土地及びアスファルト舗装につき適法に使用貸借契約を締結し駐車場収入を得ることとなりました。

　契約の内容及び管理状況については甲が駐車場賃貸していた状況と何ら変わらず収入のみが乙の口座に振り込まれ、そこから管理会社の管理料を支払っている状態です。

　なお乙は甲の子に該当し、甲と乙は生計を一としています。

　この場合、次の取り扱いはどのようになりますか。

Q1 駐車場に係る不動産収入の帰属先は誰となり、誰が所得税申告を行いますか。

Q2 **1** 以外に生ずる課税関係はありますか。

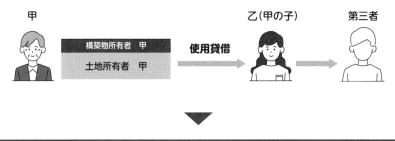

回答

A1　　駐車場に係る不動産収入の帰属先は甲となり、甲が所得税申告を行います。

A2　　甲から乙に対し不動産所得に相当する金額の贈与があったとみなされる可能性があります。

解説

1 駐車場収入の帰属先について

　所得税法では、資産又は事業から生ずる収益の法律上帰属するとみられる者が単なる名義人であって、その収益を享受せず、その者以外の者がその収益を享受する場合には、その収益は、これを享受する者に帰属するものとして、この法律の規定を適用するとされています（所法12）。

　課税物件（収益）の法律上（私法上）の帰属につき、その形式と実質が相違している場合には、実質に即して帰属を判定すべきとされています。その根拠として「課税は、原則として私法上の法律関係に即して行われるべきであるから、法律的帰属説に基づき、法的実質により実質所得者を判断すべきであるが、違法所得等の法的実質では、実質所得者を判断し得ず不合理な課税となる場合など、法律的帰属説による帰属の判断が困難と認められる極めて例外的な場合には、経済的帰属説による判断を行うことが適当である」（尾﨑・実質所得者課税、148頁）という考え方があります。

　使用貸借は、当事者の一方がある物を引き渡すことを約し、相手方がその受け取った物について無償で使用及び収益をして契約が終了したときに返還をすることを約することによって、その効力を生ずる（民593）としているため、法律上は使用貸借による借主は、使用収益権を得ることとなります。よって本事例では、適法に使用貸借契約を締結していることから乙は「土地及びアスファルト舗装から生ずる収益の法律上帰属するとみられる者」に該当します。

　一方で使用貸借による借主が「単なる名義人であって、その収益を享受せず、その者以外の者がその収益を享受する場合」にあたるかが問題となります。

　この「単なる名義人」の判断については、その契約状況や駐車場の管理状況等の事実認定により行われることとなりますが、この判断基準については「①不動産の所有権者、②業務や諸設備に対する費用負担者、③不動産の管理行為者、④管理の程度、⑤契約前後における管理状況等の貸付実体の変化、⑥貸付行為者の地位、⑦契約の締結に当たっての動機・目的などが、その判断要素となる。」（尾﨑・実質所得者課税、149頁）としています。

　本事例においては、契約の内容及び管理状況については甲が駐車場賃貸していた時の状況と何ら変わらず、収入のみが乙の口座に振り込まれている状態であるため、乙は単なる名義人に該当し、この使用収益は形式的なものと考えられます。

　また裁判例（大阪高裁令4.7.20）では「所得税法第12条は、租税負担の公平を

図るため、資産から生ずる収益の帰属について、名義又は形式とその実質が異なる場合には、当該資産の名義又は形式にかかわらず、当該資産の真実の所有者に帰属させようとした趣旨と解される。そして、所得税基本通達12-1が『法第12条の適用上、資産から生ずる収益を亨受する者がだれであるかは、その収益の基因となる資産の真実の権利者がだれであるかにより判定すべきである』と規定しているのもこれと同じ趣旨と解され、合理的なものと解すべきである。」としています。

さらに同裁判例では「不動産所得である本件各土地の駐車場収入は、本件各土地の使用の対価として受けるべき金銭という法定果実であり（民法第88条第2項）、駐車場賃貸事業を営む者の役務提供の対価ではないから、所有権者がその果実収取権を第三者に付与しない限り、元来所有権者に帰属すべきものである」とし、仮に使用貸借契約により果実収取権を使用借主に付与したとしても「使用貸借における転貸の承諾、すなわち法定果実収取権の付与は、その無償性から、その承諾を撤回し、将来に向かって付与しないことができると考えられることからすると、そもそも亡甲から使用貸借に基づく法定果実収取権を付与されたことで、当然に実質的にも本件各土地からの収益を享受する者と断ずることはできない」とされています。

これらのことから本事例にあてはめると、乙は甲と使用貸借契約を締結していることから収益の法律上帰属するとみられる者に該当しますが、このことは単なる名義人であり、土地及び構築物の所有権者である甲がその収益を享受する場合にあたるというべき、といえます。よって甲に不動産収入が帰属することとなります。

❷ 贈与があったとみなされるか否かについて

❶ に掲げるとおり、所得について不動産等の使用借主ではなく所有権者に帰属されるとした場合において、使用借主が受け取った家賃及び経費の取り扱いが問題となります。

これについて裁判例（大阪高裁平26.6.18）では「一方当事者の何らかの財産が減少し、他方当事者について財産の増加や債務の減少があったというだけでは、およそ贈与と同じような経済的実質があるとはいいがたいことは明らかであって、同条にいう『対価を支払わないで、・・・利益を受けた場合』というためには、贈与と同様の経済的利益の移転があったこと、すなわち、一方当事者が経済的利益を失うことによって、他方当事者が何らの対価を支払わないで当該経済的利益を享受したことを要すると解するのが相当である」と判示し、さらに「親名義の不動産を子に使用貸借し、子が当該不動産を第三者に転貸の上、賃料を享受する場

合、賃料という経済的利益を使用貸主たる親が失い、使用借主たる子が何ら対価を支払わずに土地を使用貸主から借用することによって経済的利益を受けており、当該行為は、贈与と同視できることからすると、賃借人たる転貸人が、賃貸人に対価を支払った上で不動産を賃借し、これを転貸することにより経済的利益を得るという、賃貸借の法形式とは根本的に異なるといえる」（尾﨑・実質所得者課税、240頁）としています。このため使用貸借又は賃貸借のいずれに該当するかは、贈与税の課税関係を判定する上で、重要な判定基準となり、使用貸借の場合には、経済的利益の移転について、贈与税の課税関係が生ずる可能性があると考えられます。

　よって使用貸借に該当する本事例は相続税法第9条に規定する対価を支払わないで、利益を受けた場合に該当し、当該利益を受けた時において、当該利益を受けた者（乙）が、当該利益を受けた時における当該利益の価額に相当する金額（不動産所得相当額）を当該利益を受けさせた者（甲）から贈与により取得したものとして取り扱われる可能性があります。

事例 10

住居として使用している共有者がいる場合の共有物の事業化

　母甲、子乙及び子丙が土地建物を共有（持分各 1/3）で所有しています。現状は丙が当該建物を住居として使用していますが、今後、乙が自らの事業用として当該建物の使用を考えています。なお甲は乙が事業用として建物を利用することに賛成しています。丙はいつでも近くのマンションに転居することができ、他方、乙は当該建物以外に、事業用の物件を探すことは容易でない状況です。

　なお、乙及び甲の生計は一であり、丙との生計は別となっています。

　この場合、次の取り扱いはどのようになりますか。

Q1 乙は事業用として建物を利用することができますか。

Q2 乙が建物を利用できた場合、甲及び丙に家賃を支払う必要がありますか。

Q3 乙の事業所得の金額の計算上、甲及び丙に支払う家賃はどのように取り扱いますか。

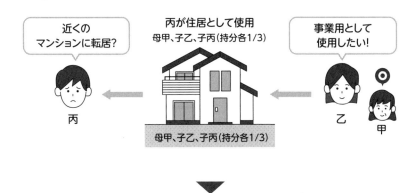

回答

A1　甲と乙の同意があれば、持分価格の過半数で乙の事業用のために建物を利用することができます。

A2　乙は、他の共有者甲及び丙に対し、自己の持分を超える使用の対価を償還する義務を負います。ただし、共有者間で無償とするなどの別段の合意がある場合には、その合意に従います。

A3　生計が別である丙に対する支払家賃は必要経費に算入されます。一方で生計が一である甲に対する支払家賃は必要経費に算入されません（甲の収入金額にも算入されません）。また、甲の持分に相当する固定資産税については乙の必要経費に算入されます。

解説

1 共有物の使用について

　共有物を使用する共有者がある場合であっても、持分の過半数で管理に関する事項を決定できます（新民252①後段）。共有者の一人に共有物を使用させることは管理に関する事項です。ただし、管理に関する事項の決定が、共有者間の決定に基づいて共有物を使用する共有者に特別の影響を及ぼすときは、その共有者の承諾を得なければなりません（新民252③）（法務基礎編第2章、2共有物の利用促進Q8）。「特別の影響」とは、対象となる共有物の性質に応じて、決定の変更等をする必要性と、その変更等によって共有物を使用する共有者に生ずる不利益とを比較して、共有物を使用する共有者に受忍すべき程度を超えて不利益を生じさせることをいい、その有無は、具体的事案に応じて判断されます。例えば、共有物を住居として使用している共有者が他に住居を探すのが容易でなく、事業用建物として利用したい共有者が他に建物を利用できる場合などは「特別の影響」があるといえるでしょう。この場合は、住居として使用している共有者の同意が必要になります。

2 共有物の使用の対価について

　管理に関する事項の決定が、共有者間の決定に基づいて共有物を使用する共有者に特別の影響を及ぼすときは、その共有者の承諾を得なければなりません（新民252③）。

　この場合、共有物を使用する共有者は、他の共有者に対し、自己の持分を超える使用の対価を償還する義務を負います。この使用の対価は具体的には家賃相当額の持分に相当する金額と考えられます。

　ただし、共有者間で無償とするなどの別段の合意がある場合には、その合意に従います（新民249②）（法務基礎編第2章、2共有物の利用促進Q9）。

❸ 共有者に対する必要経費の算入について

　乙及び甲の生計は一であり、丙との生計は別となっています。生計が別である者に支払う地代家賃は必要経費となりますが、生計を一にする配偶者その他の親族に支払う地代家賃などは必要経費にならず、受け取った人の所得としません（所法56）。よって本事例では乙が生計別である丙に支払う家賃は必要経費となりますが、生計一である甲に支払う家賃については、必要経費とならず、甲が受け取った家賃についても所得の計算上なかったものとみなされます。

　また土地建物に係る固定資産税等については、乙の持分のみならず甲の持分に相当する部分についても乙の必要経費として取り扱われます。これは所得税法において「生計一親族（甲）のその対価（受取家賃）に係る各種所得の金額の計算上必要経費に算入されるべき金額（固定資産税等）は、その居住者（乙）の当該事業に係る不動産所得等の金額の計算上、必要経費に算入する。」と規定されているからです。

　なお生計一の定義としては所得税基本通達において、次のとおり規定されています。

所得税基本通達　2-47　生計を一にするの意義

　法に規定する「生計を一にする」とは、必ずしも同一の家屋に起居していることをいうものではないから、次のような場合には、それぞれ次による。

（1）　勤務、修学、療養等の都合上他の親族と日常の起居を共にしていない親族がいる場合であっても、次に掲げる場合に該当するときは、これらの親族は生計を一にするものとする。

　　イ　当該他の親族と日常の起居を共にしていない親族が、勤務、修学等の余暇には当該他の親族のもとで起居を共にすることを常例としている場合

　　ロ　これらの親族間において、常に生活費、学資金、療養費等の送金が行われている場合

（2）　親族が同一の家屋に起居している場合には、明らかに互いに独立した生活を営んでいると認められる場合を除き、これらの親族は生計を一にするものとする。

事例 11

賛否を明らかにしない共有者と
所在等不明共有者がいる場合の建物賃貸

　甲、乙、丙、丁、戊が共有（持分各1/5）している建物につき、甲、乙は建物の内部をリフォームして、賃借期間を3年と定める定期借家契約を締結し、賃料を1/2ずつ折半で収受する予定です。

　丙は反対し、丁は事前に催告しても賛否を明らかにしません。戊は必要な調査を尽くしても所在が不明です。

　この場合、次の取り扱いはどのようになりますか。

Q1 この場合、甲、乙はどのような方法によって賃貸借契約を締結できますか。また、リフォームを行うことは可能でしょうか。

Q2 丙、丁、戊はリフォーム代の費用につき持分に応じて負担すべきでしょうか。

Q3 丙、丁、戊は賃料を誰に対して請求できますか。

Q4 戊は所在不明ですが賃料に係る所得税申告はどのように行いますか。

Q5 甲、乙が定期借家でない通常の建物賃貸借契約を締結できますか。

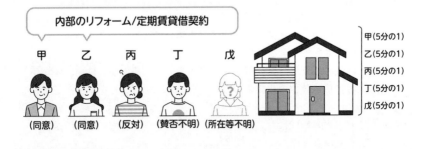

回答

A1　定期借家契約の締結は管理行為として共有者の持分の価格の過半数で決定されるので、甲、乙は、裁判所の決定を受けて、賛否を明らかにしない丁、所在等不明の戊を除いて、甲、乙の同意があれば、持分の価格の過半数の要件を充たし、定期借家契約を締結できます。

A2　リフォームは軽微な変更にあたり、甲乙の賛成で決定した以上、丙、丁、戊は、その意思決定に拘束され、リフォーム代の費用につき、「管理の費用」として各5分の1ずつ負うことになります。

A3　丙、丁、戊は共有者として自己の持分に応じた賃料相当額の支払いを貸主である甲及び乙に対し請求することができます。

A4　所在等不明共有者である戊が得るべきであった不動産所得（全体所得の1/5）については、契約者である他の共有者（甲及び乙）が自身の所得として申告する方法が考えられます。

A5　通常の賃貸借契約は変更行為にあたり、共有者全員の同意が必要であり、丙が反対し、丁が賛否を明らかにしていない以上、建物賃貸借契約を締結できません。

<hr>

解説

１ 賃貸借契約の締結について

（1）賛否を明らかにしない共有者がいる場合の管理

　共有者が共有物から遠く離れて居住していたり、共有者間の人間関係が希薄化しているなどの事情により、共有物の管理に関心を持たず、連絡を取っても返答しない共有者が増加しています。その場合には共有物の管理に支障をきたしますので、改正法は賛否を明らかにしない共有者がいる場合には、裁判所の決定を得て、その共有者以外の共有者の持分の価格の過半数により管理に関する事項を決定できるとしました（新民 252 ②二）。

　裁判所の決定を得る手続きは法務基礎編第2章、2 共有物の利用促進 Q10 のとおりです（新非訟法 85 ③）。

（2）所在等不明共有者がいる場合の変更・管理

　必要な調査を尽くしても氏名等や所在が不明な共有者（以下「所在等不明共有者」という）がいる場合は、その所在等不明共有者の同意を得ることができないため、改正前では共有者全員の同意を必要とする変更行為はできず、また管理に関する事項については、所在等不明共有者以外の共有者の持分が過半数に及ばない場合、決定はできません。そこで、改正法は、共有物の円滑な利用を可能にするため、所在等不明共有者がいる場合、裁判所の決定を得て、所在等不明共有者以外の共有者全員の同意により共有物に変更を加えることがで

き（新民 251 ②）、所在等不明共有者以外の共有者の持分の価格の過半数により、管理に関する事項を決定できるようになりました（新民 252 ②一）（法務基礎編第 2 章、2 共有物の利用促進 Q10）。

(3) 本件事案について

　建物の内部のリフォームは、建物の形状又は効用の著しい変更を伴いものであれば軽微な変更として、共有持分の価格の過半数で決定できます（新民 251 ①）。また、定期借家契約の締結は管理行為として共有者の持分の価格の過半数で決定することができます（新民 252 ①、新民 252 ④二）。丁は賛否を明らかにせず、戊は所在不明であるので、甲又は乙は、裁判所から、賛否を明らかにしない共有者である丁、所在等不明者の戊以外の共有者の持分の価格の過半数により定期借家契約を締結できる旨の決定を得て、甲、乙丙間で管理に関する事項につき意思決定を行います。甲乙の同意があれば丙が反対したとしても持分の価格の過半数の同意を得るので、定期借家契約を締結できます。

❷ リフォーム代の負担について

　リフォームに関する費用は「管理の費用」にあたり、各共有者がその持分に応じて負担することになります（民 253 ①）。これは、賛否不明者や所在等不明者が管理事項の意思決定に参加しなかった場合でも、他の共有者間の意思決定の内容に拘束されるのかという問題があります。この点、反対を表明した共有者も持分価格の過半数によって決定された内容に拘束されるかという問題とパラレルに考えてよいと思われます（事例 7）。賛否不明者や所在等不明者も非訟事件手続法により手続的保障がなされていることや、リフォームにより共有物の価値が増加していること考えれば、賛否不明者や所在等不明者も他の共有者間の意思決定に拘束されるものと考えるのが合理的であり、公平であると思われます。したがって、丁や戊は自己の持分に応じて、リフォームに要する費用を負うことになります。

　実務的には、所在等不明者に対しては、リフォーム代を請求することは困難ですので、本来、所在等不明者に支払うべき賃料相当額とリフォーム代の支払い請求権を対等額で相殺することになると思われます。

❸ 賃料支払請求権について

　前述のとおり、反対共有者、賛否不明者及び所在等不明者は、共有者として持分に応じた賃料相当額の支払い請求権を他の共有者である賃貸人に対して有して

いますので、丙、丁、戊は、甲及び乙に対し、持分に応じて賃料相当額につき不当利得返還請求を行うことになります。

　仮に丙、丁、戊が甲及び乙に対して不当利得返還請求を行わなければ、契約者である甲及び乙に当該賃料が帰属されます。

　よって所得税申告に関し実務上は、契約者に家賃が帰属されるものとして契約者が所得税申告を行うものと考えられます（事例7）。

❹ 所在不明者に係る所得税申告について

　裁判例（東京地裁平29.2.24）では、「共有物の賃貸が持分の過半数をもって可能としても、賃借人との関係で契約上の義務を負うのは、契約を行った者である」としています（事例7【解説】3参照）。

　一方で、事例8、9で記載のとおり、資産又は事業から生ずる収益の法律上帰属するとみられる者が単なる名義人である場合において、その者以外の者がその収益を享受する場合には、その収益は、これを享受する者に帰属するものとされています（所法12）。

　本事例では、甲及び乙が契約者となり実際に賃料を収受する予定であり、所在等不明共有者である丙は不当利得返還請求を行わなければ賃料の受け取りはできないため、甲及び乙が実際に取得する賃料に基づき、不動産所得が確定し所得税申告を行うことになると考えられます。

　また、不当利得返還請求の時効は、通常の債権と同様に10年間の時効となります（民166①）。

　この賃料の帰属に対して、所在等不明共有者が契約者に対して不当利得返還請求を行い他の共有者の持分に相当する賃料等が返還されることとなった場合、契約者が返還した賃料等に係る所得税等については申告をした契約者である共有者が更正の請求を行うこととなります（事例7）。なお、不当利得返還請求権は、債権者が権利を行使することができることを知った時から5年間行使しないとき又は権利を行使することができる時から10年間行使しないときは時効によって消滅します（民166①）。

❺ 変更行為の場合の規律

　通常の賃貸借契約は、借地借家法の適用があるため、その期間が長期間に及ぶため変更行為にあたります。変更行為は、裁判所の決定を得て、住所等不明者

を除いた他の共有者の同意により変更することが可能ですが、反対共有者や賛否不明者がいる限り全員の同意を得ることができないので通常の賃貸借契約を締結できません。したがって、本事例では甲乙は通常の建物賃貸借契約を締結できません。

事例 12

所在不明の共有者がいる土地につき借地権を設定する場合

　甲及び乙は、甲、乙、丙が共有している土地（持分各1/3）につき、第三者に建物所有の目的で土地を賃貸することを計画しています。

　借地人との土地賃貸借契約書案では、契約時に一定の権利金とその後毎月一定の地代を受け取る内容となっています。

　なお、丙は必要な調査を尽くしても所在が不明です。

　この場合、次の取り扱いはどのようになりますか。

Q1 甲及び乙は土地を賃貸することができますか。

Q2 所在不明の丙が借地人から受け取るべき権利金及び地代の税務申告はどのようになりますか。

Q3 権利金及び地代に係る所得区分はどのようになりますか。

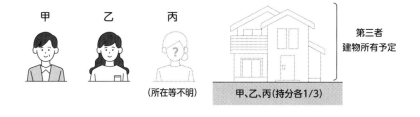

甲	乙	丙		第三者 建物所有予定
		（所在等不明）	甲、乙、丙（持分各1/3）	

回答

A1　裁判所の決定を得て甲及び乙の同意により第三者に対し建物所有目的で土地を賃貸すること（変更）ができます。

A2　丙は甲及び乙から自己の持分に相当する権利金や地代を不当利得として返還請求することになります。

　　そのため不当利得返還請求されるまで丙は税務申告を行わず、契約者である甲及び乙が所得を有するものとして税務申告を行うと考えられます。

A3　権利金はその金額により不動産所得また譲渡所得に区分されます。また地代は不動産所得として取り扱われます。

解説

◫ 土地の賃貸借について

　各共有者は、共有物に軽微でない変更を加える場合には、他の共有者の同意を得なければならないとされています（新民 251 ①）。本事例の「第三者に対し、建物所有目的で土地を賃貸すること」は、借地借家法が適用される借地権の設定に該当し軽微でない変更に該当するため、原則、共有者全員の同意が必要となります。

　また本事例のように所在等不明共有者がいる場合、裁判所は、共有者の請求により、当該他の共有者以外の他の共有者の同意を得て共有物に変更を加えることができる旨の裁判をすることができる（新民 251 ②）とされており、裁判所の決定を得て、第三者に対し建物所有目的で土地を賃貸すること（変更）ができます（法務基礎編第 2 章、2 共有物の利用促進 Q11）。

　また、所在等不明共有者がいる場合において、第三者に対し、建物所有目的で土地を賃貸する場合には、まず所在等不明共有者の持分の取得を他の共有者（本事例では甲及び乙）で取得をし、その後、第三者との契約を成立させる方法も考えられます（新民 262 の 2 ①、新民 262 の 2 ②）（法務基礎編第 3 章、共有関係の解消・促進 Q7）

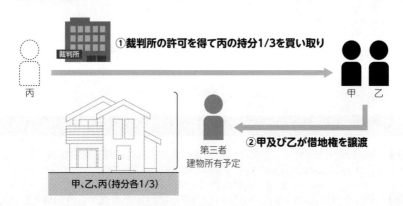

◪ 権利金及び地代の税務申告について

　所在等不明共有者は、借地人との土地賃貸借契約を行うことができません。そのため賃貸借契約の貸主として、賃借人との関係で直接、権利義務を負わないことになり、持分に応じた賃料相当額については、賃貸人である他の共有者に対し

て不当利得返還請求を行うことになります（事例7）。甲及び乙は不当利得返還請求を受けるまでは、権利金代金及び地代の返還義務は生じないので、契約時には甲及び乙にこれらの地代等に係る所得税の課税関係が生ずるものと思われます。

　一方で甲及び乙は当該契約により、本来丙が受け取るべきであった権利金及び地代を受け取ることとなるため、丙から甲及び乙へのみなし贈与が認識される場合、甲及び乙に対して贈与税の課税関係が生ずる可能性があると考えられます（相法9）。

　よって本事例のように借地権を設定させる変更の場合には所在等不明共有者である丙の持分を他の共有である甲及び乙が取得し、その後、第三者との契約を成立させる方法が税務的には望ましいといえます（前記**1**）。

3 権利金及び地代に係る所得区分について

　土地を建物の所有を目的として貸し付けた場合、一般的には借地権の設定の対価として権利金など一時金（以下「権利金等」）を受け取ることとなります。これらの権利金等は、原則として不動産所得となり所得税の課税関係が生じます。

　一方で、権利金等の額が多額であるときなどは、土地の一部分を譲渡したことと同様に考え資産の譲渡があったものとして取り扱われます。その受け取った権利金等は借地権設定の対価となるため土地等の譲渡に該当し譲渡所得として分離課税の対象となります（所法26、所法33、所令79、所令80、所基通33-13）。

　この権利金等の額が多額かどうか（譲渡所得に該当するかどうか）の判定基準については、下記の区分に従い判断されます。

1　「建物や構築物の全部の所有を目的とする借地権」や「地役権」の設定である場合

　権利金等が土地の時価の1/2を超える場合、譲渡所得に該当します。

土地等の時価×1/2＜権利金等の額

2　「建物や構築物の一部の所有を目的とする借地権」の設定がある場合

　権利金等が土地の時価に所有割合を乗じた額の1/2を超える場合、譲渡所得に該当します。

土地等の時価×（注）所有割合×1/2＜権利金等の額

（注）所有割合

$$\frac{建物所有分の床面積}{建物全体の床面積}$$

　なお借地人から受け取る地代は、賃貸人の不動産所得となり所得税の課税関係が生じます。本事例では、契約者である甲及び乙に、当該地代について不動産所得に係る所得税の課税関係が生じます。

事例 13

遺産分割が未了であり、遺産共有状態にある共有物の事業化

　父甲に相続が発生しました。相続人は乙、丙及び丁の 3 人の子供です。甲に遺言はなく 3 名で遺産分割協議を行うこととなりますが、遺産分割が整っていない状態で相続開始から 3 年が経過しました。

　乙及び丙は相続財産である不動産 A をアスファルト舗装し第三者に駐車場として賃貸する計画をしていますが丁は反対しています。なお乙及び丙は生前に父から多額の贈与を受けていましたが、丁は贈与を受けておりませんでした。

　この場合、次の取り扱いはどのようになりますか。

Q1 不動産 A をアスファルト舗装して、駐車場として第三者に賃貸（駐車場賃貸借契約期間は 2 年間）することは可能ですか。その場合に必要な手続きはどのようになりますか。

Q2 事業化された場合の不動産所得の計算はどのようになりますか。なお丁は事業化が決定した場合には、アスファルト舗装費用を負担し、駐車場賃貸借契約も締結するものとします。

Q3 不動産 A について遺産分割協議が整い、不動産 A を乙及び丙が 1/2 ずつ取得することとなった場合、丁が負担したアスファルト舗装の費用負担分はどのような処理となりますか。　また丁は遺産分割協議確定までの賃料を乙及び丙に返還する必要はありますか。

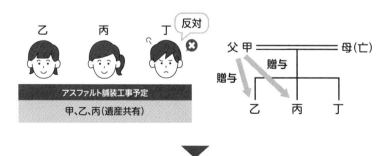

回答

A1　乙及び丙の同意によりアスファルト舗装が可能であり、さらに第三者に駐車場として賃貸することができます。

A2　不動産収入は法定相続分の割合で各相続人に帰属します。よって乙、丙及び丁が1/3ずつ収入を得ることとなります。

A3　丁のアスファルト舗装の費用負担分相当額（減価償却後の簿価）を乙及び丙が1/2ずつ買取ります。当該アスファルト舗装の簿価については、減価償却により乙及び丙の必要経費に算入します。丁がアスファルト舗装を簿価で譲渡した場合、譲渡所得は生じません。丁は遺産分割協議確定までの賃料を乙及び丙に返還する必要はありません。

解説

◢ 遺産共有状態にある共有物の共有に関する規定の適用について

　遺産共有状態にある共有物の共有に関する規定を適用するときは、法定相続分（相続分の指定があるケースは、指定相続分）により算定した持分を基準とすることとされました（新民898②）。したがって、乙及び丙は生前に父から多額の贈与を受けているため、具体的相続分（ **参考** **具体的相続分**）は少なくなりますが、遺産共有状態にある共有物の共有に関する規定は法定相続分（相続分の指定があるケースは、指定相続分）により算定した持分を基準とします。そのため本事例では乙及び丙の法定相続分は各1/3ですので、両名の同意により、持分の価格の過半数となり、管理行為の決定が可能です。

　アスファルトの舗装は「形状又は効用の著しい変更を伴わないもの」（軽微な変更）にあたるので、持分の価格の過半数で決定できます（新民251①、新民252①）。また期間2年間の賃貸借契約は土地の短期賃貸借であり、持分の価格の過半数で決定できます（新民252④）。

　なお、アスファルト舗装と駐車場経営に反対した丁も持分の過半数で決定した以上は、「管理の費用」としてアスファルト舗装の費用を負担しなければなりません（民253①）（事例7）。

参考　具体的相続分

　具体的相続分とは、特別受益（生前の贈与等）を反映した各相続人の相続分を指します。

　相続人が受けた特別受益をいったん相続財産に加算したものに法定相続分を乗じ、各相続人の相続分を確定し、その相続分から各相続人が受けた特別受益をマイナスしたものが具体的相続分となります。

本事例の場合、各相続人の具体的相続分は次の算式のとおり計算されます。

$$
(\text{相続財産} + \text{相続人への特別受益の合計額}) \times
\begin{cases}
1/3 - \text{乙が受けた贈与} = \text{乙の具体的相続分} \\
1/3 - \text{丙が受けた贈与} = \text{丙の具体的相続分} \\
1/3 \quad = \text{丁の具体的相続分}
\end{cases}
$$

② 不動産収入の帰属について

　本事例では遺産共有の状態で事業化が行われております。遺産共有財産について乙、丙及び丁が契約の当事者となっているため、3名が法定相続分に応じ不動産所得を有するものとして所得税申告を行います。本事例外ですが仮に丁が契約の当事者とならない場合には、乙及び丙が丁の持分について供託を行う方法が考えられます。この場合には丁の持分に相当する所得は乙及び丙の所得から除外して申告を行うものと考えられます。

　なお、遺産分割協議が整う前の不動産賃料の帰属については、次の区分に応じ次に掲げる取り扱いとなります。

(1) その年の12/31までに遺産分割協議が整わない場合

①相続開始から遺産分割が確定するまでの間の不動産賃料の帰属について

　　判例（**参考** 最判平17.9.8（抜粋））により、「賃料債権は、遺産とは別個の財産というべきであって、各共同相続人がその相続分に応じて分割単独債権として確定的に取得するものと解するのが相当である」とされ、さらに、「各共同相続人がその相続分に応じて分割単独債権として確定的に取得した上記賃料債権の帰属は、後にされた遺産分割の影響を受けない」とされています。

参考 **最高裁判所平成17年9月8日判決（抜粋）**

（下線及び太字加工は筆者による）

> 遺産は，相続人が数人あるときは、**相続開始から遺産分割までの間、共同相続人の共有に属するものであるから、この間に遺産である賃貸不動産を使用管理した結果生ずる金銭債権たる賃料債権は，遺産とは別個の財産というべきであって、各共同相続人がその相続分に応じて分割単独債権として確定的に取得するもの**と解するのが相当である。遺産分割は、相続開始の時にさかのぼってその効力を生ずるものであるが、各共同相続人がその相続分に応じて分割単独債権として確定的に取得した上記賃料債権の帰属は、後にされた遺産分割の影響を受けないものというべきである。

②所得税申告

　　各共同相続人は、各相続分で全体の不動産所得を案分し、所得税申告を行うこととなります。さらに、各相続人が相続分に応じて分割単独債権として、取得した賃料債権の帰属は、後にされた遺産分割の影響を受けないとされるため、当該不動産を取得しなかった相続人が、不動産所得を相続分で按分した金額を申告した内容について、遺産分割協議確定を理由として国税通則法第23条による更正の請求を行うことはできません。

(2) その年の 12/31 までに遺産分割協議が整った場合

■ 相続開始日から遺産分割協議確定日・・・ 各相続人が法定相続分で不動産所得を計上

■ 遺産分割協議確定日〜12/31・・・・・・・・ 賃貸不動産の承継相続人が不動産所得を計上

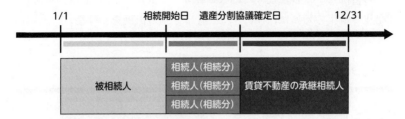

3 遺産分割協議の成立後の取り扱い

　アスファルト舗装の費用負担は乙、丙及び丁で法定相続分である 1/3 ずつ行っています。遺産分割協議が確定した場合には、通常の場合は土地所有者が構築物を所有することが想定され、丁のアスファルト舗装の費用負担分相当額 (減価償却後の簿価) を乙及び丙が 1/2 ずつ買取る形となります。乙及び丙は当該アスファルト舗装の簿価を取得価額とし、毎年減価償却により必要経費に算入します。この買取ったアスファルトに係る償却費の計算上使用する耐用年数は中古資産に係る次に掲げる年数を使用します (耐令 3、耐通 1-5-1 ～ 4)。

（1）法定耐用年数の全部を経過した資産
　　　その法定耐用年数の 20% に相当する年数

（2）法定耐用年数の一部を経過した資産
　　　その法定耐用年数から経過した年数を差し引いた年数に経過年数の 20% に相当する年数を加えた年数

　なお、これらの計算により算出した年数に 1 年未満の端数があるときは、その端数を切り捨て、その年数が 2 年に満たない場合には 2 年とします。

　また、構築物 (アスファルト) を売却した丁に係る譲渡所得は、簿価による譲渡の場合には収入金額と取得費が同額となるため生じないこととなります。

　さらに、遺産分割協議確定までの賃料は、2(1)① の判例にあるとおり、「各共同相続人がその相続分に応じて分割単独債権として確定的に取得した上記賃料債権の帰属は, 後にされた遺産分割の影響を受けない」とされているため、丁は遺産分割協議確定までの賃料を乙及び丙に返還する必要はありません。

第3章

共有関係の解消促進
（共有物分割・共有持分譲渡）

事例 14

裁判による共有関係の解消〜共有物分割〜

　父甲に相続が発生しました。相続人は子である乙、丙、丁となっています。父に遺言はなく3名で遺産分割協議を行い不動産Aについては相続人3名が1/3ずつ共有で取得しました（遺産共有状態ではありません）。不動産Aについて相続人の3名は当初売却をする予定でしたが、乙及び丙は駐車場需要に目を付け売却せず事業化（駐車場業）を計画することとなりました。しかし丁は当該計画には反対であり売却を希望しています。乙及び丙は2名で事業化を行うため丁に共有物の買取りを打診しましたが金額に折り合いがつかない状態です。

Q1 共有物の解消についてどのような方法がありますか。

Q2 **Q1** による解消が行われた場合、丁の課税関係はどのようになりますか。

Q3 仮に遺産分割協議で不動産Aを乙及び丙が1/2ずつ共有で取得し、丁に代償金として支払った場合の相続税の及び所得税の課税関係はどのようになりますか。

乙及び丙で事業化(駐車場業)検討

(乙、丙、丁各1/3ずつ共有)

回答

A1 　裁判による共有物分割の方法として賠償分割があります。

A2 　丁は譲渡所得に対する所得税の課税関係が生じます。

A3 　乙及び丙は不動産Aについて相続した持分に応じ、丁は乙及び丙から取得した代償金について相続税が発生します。一方で丁には上記 **A2** の所得税の課税関係は生じません。

解説

1　共有物の解消について

　共有物の分割について共有者間に協議が調わないとき、又は協議をすることができないときは、その分割を裁判所に請求することができます（新民258①）。本事例において、乙及び丙が丁から共有持分の買取りを希望しているため、共有者に債務を負担させて、他の共有者の持分を取得させる方法、いわゆる賠償分割の方法が考えられます（新民258②二）（法務基礎編第3章、共有関係の解消・促進Q1 ～ Q3）。

　この場合、裁判所は、共有物の分割の裁判において、当事者に対して、金銭の支払、物の引渡し、登記義務の履行その他の給付を命ずることができるとされています（新民258④）。

2　丁の課税関係について

　1の賠償分割により丁はAの持分1/3を手放すこととなり、その対価として甲及び乙から金銭を取得することとなります。これは丁が甲及び乙に対し、Aの持分を譲渡したこととなります。そのためその譲渡に係る収入金額から取得費及び譲渡経費をマイナスした譲渡所得について所得税等の課税関係が生じます。

　また相続によって取得したときの取得費については、被相続人の取得価額がそのまま取得した相続人に引き継がれます。また、業務に使われていない土地建物を相続により取得した場合、相続登記費用等の金額も取得費に含まれますが、取得費が不明な場合の、収入金額の5％相当額を取得費とする概算取得費を選択した場合には当該登記費用等は取得費に含めることができないので注意が必要です。

　さらにその財産に相続税が課税されており、その財産を、相続開始のあった日の翌日から相続税の申告期限の翌日以後3年を経過する日までに譲渡している場合には、相続税額のうちその財産に対応する部分を譲渡資産の取得費に加算することができます（措法39）。

　取得時期は被相続人の取得時期を引き継ぎますので、譲渡所得に係る長期又は短期の区分については被相続人が取得した時から相続人が譲渡した年の1月1日までの所有期間で判定を行います。

3　遺産分割協議で不動産を共有で相続せずに代償金を支払う場合

　相続により取得する土地を今後活用したい相続人のみで相続し、その代わりに

　他の相続人に代償金を支払う場合には、上記 **2** のような共有持分の譲渡は発生しないため、譲渡者に対する譲渡所得に係る所得税等の課税関係は生じないこととなります。

　相続税については、不動産 A を共有で相続する際に甲及び乙は不動産 A の相続税評価額に持分を乗じた額が相続税の計算の基礎となりますが、そこから丁に代償金として支払う額はマイナスされます。一方で丁は代償金として受け取る額が相続税の課税対象となります（相基通 11 の 2-9）。

　本事例のように、被相続人から相続する不動産について、不動産を活用したい相続人と売却したい相続人がいる場合があります。その際は遺産分割協議において不動産を活用したい相続人が、不動産を売却したい相続人に代償金を支払い、当該不動産を取得する方法が税金面においては有効といえます。

事例 15

所在等不明共有者に係る不動産の持分の取得

　不動産 A は甲、乙及び丙が 1/3 ずつ共有持分（遺産共有状態ではありません）となっている土地です。

　この不動産 A について甲及び乙は事業化を検討しています。しかし丙が所在等不明であり事業化ができない状態です。そのため甲及び乙は買取り資金も十分にあるため、丙から共有持分を買取りたい意向があります。

Q1 不動産 A について甲及び乙は丙の共有持分の取得をする方法はありますか。

Q2 不動産 A について甲及び乙が丙から共有持分を取得する価額はどのようになりますか。

Q3 **Q1** の方法による場合、丙に生ずる課税関係はどのようになりますか。

回答

A1　甲及び乙は裁判所の決定を得て、所在等不明共有者である丙の不動産の持分を取得することができます。

A2　甲及び乙が丙から共有持分を取得する価額は、持分の時価相当額（共有減価適用後）となります。

A3　丙の持分は、裁判所の決定を得て移転請求をした共有者に移転します。これにより丙は持分を取得した共有者に対する持分の時価相当額の支払請求権を取得します。そのため原則的には丙に対して持分移転時に譲渡所得に係る所得税の課税関係が生ずると考えられます。この所得税については所在等不明共有者が実際に支払請求権を行使する際に納付する方法、または税務署長が丙に係る供託金を差し押さえることで徴収する方法などが考えられますが、これらの取り扱いは現状では明確になっておりません（令和 5 年 7 月 31 日現在の法令により判断）。

解説

1 所在等不明共有者の持分を取得する方法

　不動産が数人の共有に属する場合において、共有者が他の共有者を知ることが
できず、又はその所在を知ることができないときは、裁判所は、共有者の請求により、
その共有者に、所在等不明共有者の持分を取得させる旨の裁判をすることができ
ます（新民 262 の 2 ①）（法務基礎編第 3 章、共有関係の解消・促進 Q7）。

　ただし、所在等不明共有者の持分が相続財産に属する場合（共同相続人間で
遺産の分割をすべき場合に限る）において、相続開始の時から 10 年を経過して
いないときは裁判をすることができません（新民 262 の 2 ③）。本事例は遺産共有
の状態ではないため、甲及び乙は裁判所の決定を得て、所在等不明共有者である
丁の不動産 A の持分を取得することができます。

　所在等不明共有者の持分の取得の裁判をするには、申立人に対して、一定の期
間内に、所在等不明共有者のために、裁判所が定める額の金銭を裁判所の指定
する供託所に供託し、かつ、その旨を届け出るべきことを命じなければならないと
されています（新非訴法 87 ⑤）。

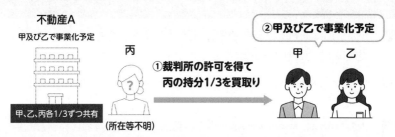

2 所在等不明共有者の持分の取得価額

　共有者が所在等不明共有者の持分を取得したときは、所在等不明共有者は、
当該共有者に対し、当該共有者が取得した持分の時価相当額の支払いを請求す
ることができます（新民 262 の 2 ④）。所在等不明共有者は供託金の還付請求権
を有し、時価相当額の支払請求権の弁済に充当することとなります。「持分の時価
相当額」は、持分取得をしても共有関係が完全に解消しない場合には、共有減
価（一般的に 2 割〜 3 割）をすることとなると考えられます（中間試案補足説明
P37）。本事例では甲及び乙が丁から共有持分を取得しても、甲及び乙の共有状
態は解消されないため共有減価の適用があると考えられます（法務基礎編第 3 章、
共有関係の解消・促進 Q9）。

❸ 所在等不明共有者に生ずる課税関係

　持分の取得を裁判所に請求した共有者は裁判所の決定を得て、所在等不明共有者の不動産の持分を取得することとなります（新民262の2）。一方で所在等不明共有者は、持分を取得した共有者に対する持分の時価相当額の支払請求権を取得（実際には、供託金から支払いを受ける。差額がある場合は、別途訴訟を提起するなどして請求可能）することになります。

　この場合、所在等不明共有者の持分の譲渡に係る総収入金額の計上時期が、いつとなるかが問題となります。

　これについて通達では、総収入金額の収入すべき時期は、山林所得又は譲渡所得の基因となる資産の引渡しがあった日によるものとするとされています（所基通36-12）。

　当該持分は裁判所の決定を得て請求をした共有者に移転します。請求をした共有者は所在等不明共有者を代理してその登記申請を行うこととなります。そのためこの移転した時が原則的には所在等不明共有者の総収入金額を収入すべき時期になると解されます。なお、この解釈は令和5年7月31日現在の法令により判断しており、今後、収入すべき時期の取り扱いが、例えば所在等不明共有者が現れて持分（供託分）を請求した日等となる可能性もあるため今後の取り扱いについては留意が必要です。また、譲渡所得の金額は移転した持分の時価相当額を総収入金額とし、当該持分に対応する取得費を控除した金額となります（🔍**フォーカス 10. 所在等不明共有者の不動産の持分の取得方法**）。

　次に所在等不明共有者の譲渡所得に対する所得税の納付時期について検証します。

　この所在等不明共有者に係る支払請求権は、当該所在等不明共有者が供託金から支払われることとなります。なお他の共有者による供託金の取戻しは認められておりません。さらにこの供託金は、所在等不明共有者が還付請求権を行使できる時から10年間行使しないときは消滅時効が完成します（民166）。消滅時効完成後、供託金は最終的に国庫に帰属します。（🔍**フォーカス 9. 所在等不明共有者の供託金の還付請求権は最終的にはどうなるのか**）。

　このことから所在等不明共有者が現れず供託金が最終的に国庫に帰属することを前提とすれば、実務的には譲渡所得が発生した時点（所有権の移転時点）において徴収は行われず、仮に所在等不明共有者が現れ支払請求権を行使した場合には、その時点で所在等不明共有者が納付する方法が考えられます。また、原則どおりに譲渡所得発生時に徴収が行われる場合は、税務署が当該供託金を差し

押さえることで徴収する方法も考えられます（令和 5 年 7 月 31 日現在の法令により判断）。

🔍**フォーカス**────────────────────

9. 所在等不明共有者の供託金の還付請求権は最終的にはどうなるのか

民法では債権は、次に掲げる場合には、時効によって消滅するとされています（民166）。

①債権者が権利を行使することができることを知った時から 5 年間行使しないとき。

②権利を行使することができる時から 10 年間行使しないとき。

②の権利行使の時期については、「事案ごとの判断ではあるが、基本的には所在等不明共有者の持分の取得の裁判の効力発生時又は所在等不明共有者の持分を譲渡する権限の付与の裁判に基づいて持分が譲渡された時であると解される」とされ、さらに供託金は、「供託金の還付請求権について消滅時効が完成したと認めた場合には、消滅時効を援用することになり、供託金は国庫に帰属する」とされています（村松・令和 3 年改正法 163 頁）。

🔍**フォーカス**────────────────────

10. 所在等不明共有者の不動産の持分の取得方法

具体例（法務省資料 P37 を加工して作成）

不動産 A は甲、乙、丙（所在等不明共有者）の共有（各 1/3）となっています。

甲及び乙は裁判所の決定を得て、丙の持分を取得する予定です。

なお不動産 A の取得費は全体で 300 とします。

この場合丙の持分を取得する手続きの流れは下記のとおりです。

1.　甲及び乙^(注1)による裁判所への申立て（管轄裁判所は不動産の所在地の地方裁判所であり所在等不明の証明が必要^(注2)）

　（注1）　申立人以外の共有者を当事者とする必要はない。他方で、希望する共有者は、所定の期間内であれば、別途持分取得の裁判を申立てることが可能。申立人が複数のケースでは、各申立人が、その持分割合に応じて、所在等不明共有者の持分を按分して取得

（注2）　申立人において、登記簿のほかに、住民票等の調査など必要な調査をし、裁判所において、その所在等が不明であると認められることが必要

2.　異議届出期間等の公告・登記簿上の共有者への通知

所在等不明共有者が異議の届出をして所在等が判明すれば、裁判の申立ては却下されます。申立人以外の共有者の異議があり、共有物分割の訴えが提起され、かつ、異議の届出があれば、その訴訟が優先し、持分取得の裁判の申立ては却下されます。

3.　3月以上の異議届出期間・公告の実施

4.　時価相当額の金銭の供託（具体的な金額は裁判所が決定します。申立人が持分を取得し、所在等不明共有者が現れないまま供託金還付請求権が消滅時効に係った場合には、供託金は確定的に国庫に帰属します）

5　取得の裁判確定により申立人が持分を取得

供託時の不動産Aの時価相当額が1,200（全体ベースの時価）となっている場合の金銭の流れは下記のとおりです。

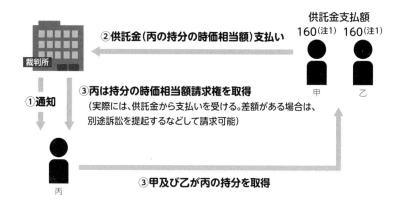

譲渡所得の金額

丙　ア　収入金額　960（注2）×1/3（丙の持分）=320
　　イ　取得費　　300×1/3=100
　　ウ　譲渡所得　ア-イ=220

（注1）　甲支払い供託金　960（注2）×1/3（丙の持分）×1/2（注4）=160
　　　　　乙支払い供託金　960（注2）×1/3（丙の持分）×1/2（注4）=160
（注2）　丙の持分の時価相当額
　　　　　1,200（Aの時価相当額）×（1-20%（注3））=960
（注3）　専門家（不動産鑑定士）が算定した共有減価
（注4）　請求をした各共有者の持分割合で按分（新民262の2①）
　　　　　甲:乙の持分比率=1:1　∴請求をした各共有者の持分割合は1/2

事例 16

所在等不明共有者がいる場合の不動産の譲渡

不動産 A は甲、乙及び丙が 1/3 ずつ共有持分 (遺産共有状態ではありません) で所有している土地があります。

この不動産 A について甲及び乙は第三者に売却を検討しています。しかし丙が所在等不明であり売却ができない状態です。

Q1 不動産 A を第三者に丙が所有権を有したまま売却する方法はありますか。

Q2 Q1 の方法による場合により丙が得ることとなる売却代金はいくらとなりますか。

Q3 丙に生ずる課税関係はどのようになりますか。

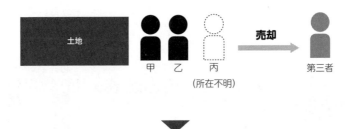

回答

A1 裁判所の決定を得て不動産全体を特定の第三者に譲渡する場合に売却が可能です。

A2 不動産の時価相当額を丙の持分 (1/3) に応じて按分した額となります。

A3 丙は譲渡権限を行使した共有者に対する不動産の時価相当額のうち持分に応じた額の支払請求権を取得するため、その譲渡権限を行使し、さらに原則的には他の共有者が持分の全部を譲渡したに時に丙に譲渡所得の課税関係が生ずると考えられます。この所得税については所在等不明共有者が実際に支払請求権を行使する際に納付する方法、または税務署長が丙に係る供託金を差し押さえることで徴収する方法などが考えられますが、これらの取り扱いは現状では明確になっておりません (令和 5 年 7 月 31 日現在の法令により判断)。

解説

１ 所在等不明共有者がいる場合の不動産の譲渡について

　不動産が数人の共有に属する場合において、共有者が他の共有者を知ることができず、又はその所在を知ることができないときは、裁判所は、共有者の請求により、その共有者に、所在等不明共有者以外の共有者の全員が特定の者に対してその有する持分の全部を譲渡することを停止条件として所在等不明共有者の持分を当該特定の者に譲渡する権限を付与する旨の裁判をすることができます（新民262の3①）（法務基礎編第3章、共有関係の解消・促進Q12）。

　また、所在等不明共有者の持分を譲渡する権限の付与の裁判の効力が生じた後2月以内にその裁判により付与された権限に基づく所在等不明共有者の持分の譲渡の効力が生じないときは、その裁判は、その効力を失いますが、この期間は、裁判所において伸長することができるとされています（新非訟法88③）。

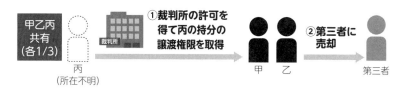

２ 所在等不明共有者が得る売却代金について

　裁判により付与された権限に基づき共有者が所在等不明共有者の持分を第三者に譲渡したときは、所在等不明共有者は、当該譲渡をした共有者に対し、不動産の時価相当額を所在等不明共有者の持分に応じて按分して得た額の支払を請求することができます（新民262の3③）。この場合の「時価相当額を所在等不明共有者の持分に応じて按分して得た額」は持分の全部を譲渡することを停止条件としているため、共有減価は適用されません（中間試案補足説明P39）（法務基礎編第3章、共有関係の解消・促進Q15）。

３ 所在等不明共有者が受ける不動産の時価相当額のうち持分に応じて得た額の支払請求権に係る課税関係

　裁判所の決定によって申立てをした共有者に、所在等不明共有者の不動産の持分を譲渡する権限が付与されます。この時点では共有持分の所有権は所在等不明共有者にあります。その後、裁判により譲渡権限を付与された共有者は、所在等不明共有者の持分を譲渡することとなりますがこの持分譲渡の効力は、他の共有

者が持分の全部を所在等不明共有者の持分も含めすべて同一の者に譲渡しなければ、生じないこととされています。すなわち停止条件とされています（**2**参照）。

　総収入金額の収入すべき時期は、山林所得又は譲渡所得の基因となる資産の引渡しがあった日によるものとするとされています（所基通 36-12）。

　そのため原則的には譲渡権限を行使し、さらに他の共有者が持分の全部を譲渡したに時が所在等不明共有者の総収入金額を収入すべき時期になると解されます。なお、この解釈は令和 5 年 7 月 31 日現在の法令により判断しており、今後、収入すべき時期の取り扱いが、例えば所在等不明共有者が現れて持分（供託分）を請求した日等となる可能性もあるため今後の取り扱いについては留意が必要です。

　この譲渡により所在等不明共有者は、譲渡権限を取得した共有者に対して不動産の時価相当額を所在等不明共有者の持分に応じて按分して得た額の支払請求権を取得します（新民 262 の 3 ③）。よって譲渡所得の金額は当該譲渡時の不動産の時価相当額を所在等不明共有者の持分に応じて按分して得た額を総収入金額とし、当該持分に対応する取得費を控除した金額となります。

　さらに所在等不明共有者以外の共有者が各持分の全部を所在等不明共有者の譲渡先と同一の相手に譲渡することとなるため所在等不明共有者以外の共有者の譲渡所得も確定することとなります（🔍**フォーカス 11. 所在等不明共有者の不動産の持分の譲渡方法**）。

　所在等不明共有者に係る所得税の納付時期については、事例 15 の所在等不明共有者の持分の取得と同様の取り扱いになると思われます。

　すなわち最終的に所在等不明共有者が現れない場合、供託金が国庫に帰属することを前提とすれば、所在等不明共有者が実際に現れ支払請求権を行使した時点で納付する方法や、原則どおりに譲渡所得発生時に徴収が行われる場合は、税務署長が当該供託金を差し押さえることで徴収する方法が考えられます（令和 5 年 7 月 31 日現在の法令により判断）。

🔍**フォーカス**────────────────────────────

11. 所在等不明共有者の不動産の持分の譲渡方法

具体例（法務省資料 P38 を加工して作成）

　不動産 A は甲、乙、丙（所在等不明共有者）の共有（各 1/3）となっています。甲の申立てにより、丙が持分を有したまま土地全体を第三者丁に売却する予定です。なお不動産 A の取得費は 300 とします。

この場合の手続きの流れは下記のとおりです。

1　甲による裁判所への申立て（管轄裁判所は不動産の所在地の地方裁判所・所在等不明の証明が必要）

2　3ヶ月以上の異議届出期間・公告の実施

3　時価相当額を持分に応じて按分した額の供託（時価は売却する際に見込まれる売却額等を考慮）

4　丙持分の譲渡権限を甲に付与する裁判

5　甲及び乙が第三者丁に土地全体を売却

供託時の不動産Aの時価相当額は1,200（全体ベースの時価）となっている場合の金銭の流れは下記のとおりです。

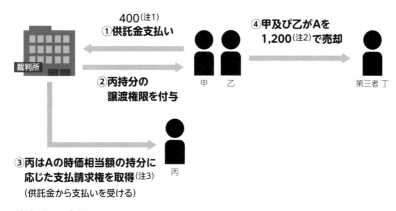

譲渡所得の金額

甲　ア　収入金額　　1,200(注2)×(1/3+1/3)−400(注1)=400
　　イ　取得費　　　300×1/3=100
　　ウ　譲渡所得　　ア−イ=300

乙　ア　収入金額　　1,200(注2)×1/3=400
　　イ　取得費　　　300×1/3=100
　　ウ　譲渡所得　　ア−イ=300

丙　ア　収入金額　　400(注1)
　　イ　取得費　　　300×1/3=100
　　ウ　譲渡所得　　ア−イ=300

（注1）　1,200（供託時における売却する際に見込まれる売却額等を考慮したAの時価）×1/3
　　　　=400

（注2）　丁への実際の売却価格

（注3）　実際の時価に応じた額が供託金より高額である場合には、別途訴訟を提起するなどして請求可能

🔍**フォーカス**―――――――――――――――――――――――――――

12. 所在等不明共有者の不動産の持分の取得と譲渡の比較

　所在等不明共有者の不動産の持分の取得（新民262の2）のように所在等不明共有者から他の共有者が持分を買取る場合、所在等不明共有者は「持分の時価相当額の支払い請求権」を有することとなりますが、他の共有者が取得後も共有状態が解消されない場合には、この持分の時価相当額には共有減価が適用されることとなります。

　一方で上記所在等不明共有者の不動産の持分の譲渡（新民262の3）の場合には、所在等不明共有者は「不動産の時価相当額を所在等不明共有者の持分に応じて按分して得た額の支払請求権」を有することとなります。この場合の不動産の時価相当額については、共有者以外の第三者に対する全部譲渡を前提としているため共有減価は適用されません（事例16【解説】**2**）。

　よって当該買取り等の申立てをする共有者の立場において、所在等不明共有者の支払い請求権の額を少なくするためには、持分取得の方法が望ましいといえます。

　一方で持分譲渡の場合、供託金を当該土地の購入者が支払うこともできるため、申立てをする共有者が供託金を支払えない場合は持分譲渡の方法になると考えられます（法務基礎編第3章、共有関係の解消・促進Q16）。

事例 17

所在等不明共有者がいる場合の不動産の譲渡～遺産共有の場合～

　不動産 A を所有している父甲に相続が発生しました。相続人は乙、丙及び丁の子供 3 人となっています（法定相続分は各1/3）。なお乙、丙及び丁はそれぞれ生前の特別受益はなかったため、法定相続分（各1/3）に従って財産を取得したものとして、相続税申告を行っています。

　なお甲死亡後、遺産分割協議が整わず 10 年が経過しました。なお丁は現在、所在等不明の状態です。

　この不動産 A について乙及び丙は第三者に売却を検討しています。

　この場合、次の取り扱いはどのようになりますか。

Q1 不動産 A を乙及び丙で売却する方法はありますか。

Q2 売却が行われた場合、丁に生ずる課税関係はどのようになりますか。

Q3 売却が行われた場合、父甲の相続に係る相続税の申告に影響はありますか。

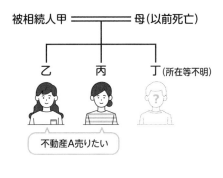

不動産A売りたい

回答

A1 　裁判所の決定を得て不動産全体を特定の第三者に譲渡する場合に売却が可能です。

A2 　丁は譲渡権限を行使した共有者に対する不動産の時価相当額のうち持分に応じた額の支払請求権を取得するためその譲渡権限行使し、さらに他の共有者が持分の全部を譲渡したに時に丁に譲渡所得の課税関係が生じます。こ

の所得税については所在等不明共有者が実際に支払請求権を行使する際に納付する方法、または税務署長が丙に係る供託金を差し押さえることで徴収する方法などが考えられますが、これらの取り扱いについて現状では明確になっておりません（令和 5 年 7 月 31 日現在の法令により判断）。

A3　父甲の相続税の申告に影響はありません。

解説

1 遺産共有であり、かつ所在等不明共有者がいる場合の不動産の譲渡について

　所在等不明共有者の不動産持分を取得させる制度（新民 262 の 2 ①）のほか、裁判所が、共有者の請求により、その共有者に所在等不明共有者の持分を「譲渡する権限」を付与する旨の裁判をすることができる制度（新民 262 の 3 ①）の利用が可能です（事例 15、事例 16）。但し、この制度は、本事例のように遺産共有の場合は、相続開始後 10 年の経過が要件とされています（新民 262 の 2 ③、新民 262 の 3 ②）。相続開始時から 10 年を経過した場合、遺産分割は特別受益を考慮した具体的相続分ではなく法定相続分（又は指定相続分）によることとなり（新民 904 の 3）、所在等不明者の具体的相続分（事例 13 **参考** 具体的相続分）を考慮する必要がなくなります。

2 所在等不明者共有者が受ける不動産の時価相当額のうち持分に応じて得た額の支払請求権に係る課税関係

　乙及び丙は、丁の不動産 A に係る持分の時価相当額のうち法定相続分（1/3）に応じた支払請求権を取得することことなります。一方で丁は、当該持分の譲渡について譲渡所得の課税関係が生じます。なお課税関係の詳細については、事例 16 【解説】**3** を参照して下さい。

3 売却が行われた場合の相続税申告への影響

　相続により取得した財産が相続人によって分割されていないときは、その分割されていない財産については、相続人が民法（寄与分を除く）の規定による相続分の割合に従って財産を取得したものとしてその課税価格を計算するものとされています（相法 55）。なお、生前に特別受益がある場合には、特別受益者の相続分により計算されることとなります。

　その後、遺産分割協議が確定した場合、相続分により計算した当初申告の課税価格と異なることとなる場合には、分割により取得した財産に係る課税価格を基礎として、修正申告若しくは更正の請求をすることとなります。

　本事例では、相続人のうち1名が所在不明であるため遺産分割協議が整わないまま、相続財産が売却される形となっています。この売却が行われた場合においても、法定相続分で申告し、法定相続分により売却しているため当初申告から課税価格に変更は生じないので、修正申告若しくは更正の請求を行う必要はありません。

事例 18

遺産共有の状態にある場合の所得税及び相続税申告

　不動産 A は建物が X 社（卸売業）所有、土地は X 社と父甲で 1/2 ずつ共有で所有しています（【所有関係】参照）。このたび父甲に相続が発生しました。相続人は母乙、丙及び丁の子供 2 人（【親族図表】参照）です。

　甲の土地の持分 1/2 については相続人間の遺産分割協議により取得者を確定する予定です。各相続人は父から特別受益を受けていないものとします。

　なお、X 社は甲に甲が負担する土地に係る固定資産税の 3 倍程度の地代の支払いを行っていました。

　この場合、甲所有の土地に係る次の取り扱いはどのようになりますか。

Q1 不動産 A について相続税の申告期限までに遺産分割協議が整わなかった場合の相続税の課税関係及び手続きはどのようになりますか。

Q2 遺産分割協議が整わない場合において遺産共有状態にある地代収入の帰属はどのようになりますか。

Q3 **Q1** による相続税申告を行った後、遺産分割協議が成立し不動産 A の甲の持分を丙が取得することとなった場合の相続税に係る更正の請求等の手続きはどのようになりますか。

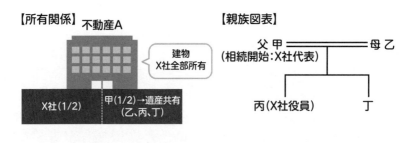

【所有関係】不動産A

建物 X社全部所有

X社(1/2)　　甲(1/2)→遺産共有（乙、丙、丁）

【親族図表】

父 甲（相続開始：X社代表）＝＝＝母 乙

丙（X社役員）　　丁

回答

A1　父甲が所有する不動産 A の持分 1/2 については、各相続人に特別受益はないため父甲の相続人が法定相続分（乙 1/2、丙 1/4、丁 1/4）で取得したものとして相続税申告を行います（相法 55）。

　　なお、不動産 A については遺産分割協議後、小規模宅地等についての相続税の課税価格の計算の特例等の適用を受ける可能性があるため「申告期限後 3 年以内の分割見込書」を申告書とともに提出します。さらに相続税の申告期限の翌日から 3 年を経過する日において相続等に関する訴えが提起されているなど一定のやむを得ない事情があり遺産分割協議後が確定しない場合には、申告期限後 3 年を経過する日の翌日から 2 ヶ月を経過する日までに、「遺産が未分割であることについてやむを得ない事由がある旨の承認申請書」を提出します。

A2　　地代収入については法定相続分で取得したものとして各相続人が不動産所得に係る所得税申告を行います。

A3　　遺産分割協議が整った場合には、各相続人の税額の増減額により修正申告若しくは更正の請求を行います。なお、期限内申告では小規模宅地等の課税価格の減額の特例（貸付事業用宅地等又は特定同族会社事業用宅地等）の適用を受けることができなかったため、遺産分割協議が確定した場合には、その時点で同特例の適用を受けることができます。

解説

1 相続税の申告期限までに遺産分割協議が整わなかった場合の相続税の課税関係及び手続き

　相続により取得した財産に係る相続税について申告書を提出する場合において、当該相続により取得した財産の全部又は一部について、相続税の申告期限までに遺産分割協議が確定していないときは、その未分割財産については、各共同相続人が法定相続分により財産を取得したものとしてその課税価格を計算することとされています（相法 55）。

　また、未分割財産について遺産分割協議後に、配偶者に対する相続税額の軽減及び小規模宅地等の課税価格の計算の特例の適用を遺産分割後の更正の請求等で適用する場合には、下記の「**参考** 遺産分割時に優遇規定の適用を受けるための申請書等」を提出する必要があります。

参考 遺産分割時に優遇規定の適用を受けるための申請書等

A：「申告期限後 3 年以内の分割見込書」

B：「遺産が未分割であることについてやむを得ない事由がある旨の承認申請書」

　相続税の申告期限までに遺産が未分割である場合には相続税の申告書とともにAを提出し、申告期限後3年以内に分割がされない場合において、やむを得ない事由（相続に関する訴えの提起、相続の和解、調停又は審判の申立て等）がある場合には、Bを申告期限後3年を経過する日の翌日から2ヶ月を経過する日までに提出する。

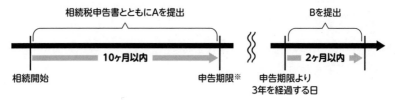

※相続の開始があったことを知った日の翌日から10ヶ月を経過する日

❷ 遺産共有状態にある地代収入の帰属について

　最高裁判例（平成17年9月8日）により、「賃料債権は、遺産とは別個の財産というべきであって、各共同相続人がその相続分に応じて分割単独債権として確定的に取得するものと解するのが相当である」とされ、さらに、「各共同相続人がその相続分に応じて分割単独債権として確定的に取得した上記賃料債権の帰属は、後にされた遺産分割の影響を受けない」とされています。

　また各共同相続人は、各相続分で全体の不動産所得を按分し、所得税申告を行うこととなります。さらに、各相続人が相続分に応じて分割単独債権として、取得した賃料債権の帰属は、後にされた遺産分割の影響を受けないとされるため、遺産分割協議の結果不動産を取得しないこととなった相続人が、相続分で按分した金額で申告した内容について、国税通則法第23条による更正の請求を行うことはできません（事例13）。

❸ 遺産分割協議成立後の相続税に係る更正の請求等の手続きについて

　小規模宅地等の課税価格の減額の特例の適用を受けようとする者は相続税の期限内申告書又は期限後申告書（これらの申告書に係る期限後申告書及び修正申告書を含む）に同特例の規定の適用を受けようとする旨を記載し、その計算に関する明細書その他の政令で定める書類の添付がある場合に限り適用するとされて

おります（措法 69 の 4 ⑦）。そのため解説**1**（ **参考** **遺産分割時に優遇規定の適用を受けるための申請書等**）の提出がされている場合には、遺産分割協議成立日の翌日から 4 ヶ月以内に、納税地の所轄税務署長に対し同特例の適用をし、更正の請求をすることができます（相法 32 ①一）。

事例 19

遺産共有状態の解消

　不動産 A は建物が X 社所有、土地は X 社と父甲で1／2ずつの共有持分で所有しています。このたび甲に相続が発生しました。相続人は母乙、子丙及び子丁（【親族図表】参照）となります。

　その後、相続人間で遺産分割協議が整わず、遺産共有状態が複数年経過しました。

　この場合、次の取り扱いはどのようになりますか。

Q1 相続開始から10年を経過した場合、丙が遺産共有状態の解消をする方法はありますか。

Q2 相続開始から10年を経過する前ですが、丙は遺産共有状態を解消し、X 社単独の所有としたいと考えていますが方法はありますか。

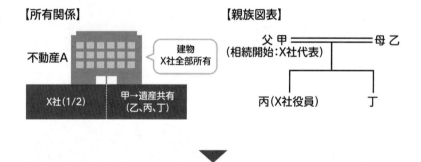

【所有関係】　　　　　　　　　　　　　　【親族図表】

不動産A

建物
X社全部所有

X社(1/2)　　甲→遺産共有
　　　　　　（乙、丙、丁）

父 甲
（相続開始：X社代表）
母 乙

丙（X社役員）　　　丁

回答

A1　相続開始から10年を経過した場合の遺産共有状態の解消については、共有物分割訴訟において実施します（新民258の2②、新民258の2③）。丙が共有物分割訴訟において、遺産共有持分の分割を受け母乙及び子丁に代償金を支払い父甲の持分を取得します。その後、丙は X 社に取得した持分を譲渡します。

A2　相続開始から10年を経過する前の遺産共有状態の解消については、X社が共有物分割訴訟を提起し、裁判所は、賠償分割により、甲の相続人としての母乙、子丙及び子丁に対する遺産共有となる代償金を支払いX社に取得さ

せることを命じることとなります。なお代償金の分け方については遺産分割協議により確定します。

　本事例では、X社が共有物分割訴訟を提起し、裁判所は、賠償分割により、乙、丙及び丁に対する代償金（遺産共有となる）を支払い、甲の持分をX社に取得させることを命じることができることとなります。

解説

■ 相続開始から10年を経過した場合の遺産共有状態の解消方法

　共有物の持分が相続財産に属する場合において、相続開始の時から10年を経過したときは、相続財産に属する共有物の持分について分割をすることができます。ただし、当該共有物の持分について遺産の分割の請求があった場合において、相続人が当該共有物の持分について分割をすることに異議の申出をしたときは、この限りでないとされています（新民258の2②）。また、異議の申出は、裁判所から分割請求があった旨の通知を受けた日から2ヶ月以内に裁判所にしなければなりません。

■ 相続開始から10年を経過する前の遺産共有状態の解消方法

　相続開始の時から10年を経過する前は、共有物の全部又はその持分が相続財産に属する場合において、共同相続人間で当該共有物の全部又はその持分について遺産の分割をすべきときは、当該共有物又はその持分について裁判による共有物の分割をすることができないとされています（新民258の2①）。したがって、乙、丙、丁間の共有状態を解消するためには遺産分割協議を行わなければなりません。X社としては、乙丙丁間の遺産分割協議の結果を待っていては、迅速に不動産AをX社の単独所有とすることができません。そこでX社としては、裁判所に対し、乙、丙、丁に代償金を支払う方法でX社の単独所有権とする内容の判決を求めることになります。代償金については乙、丙、丁間で遺産分割協議を行うことになります。

🔍 **フォーカス**

13. 共有物分割に係る課税関係

　A 部分（図解**＜共有物分割前＞**参照）を甲及び乙で 1/2 ずつの共有持分を有する土地があります。これについて共有物分割を行いそれぞれの単独所有にする予定です（図解**＜共有物分割後＞**参照）。この場合の甲及び乙の課税関係について検討します。

　共有物分割の法的性質を踏まえると、共有物分割は、共有者間において共有土地（図解 A 部分）のうち、分割後は土地 B 部分につき甲が単独所有権を取得し、土地 C 部分につき乙が単独所有権を取得するとしたものと認められるので、各土地につき、共有者相互間において共有持分の交換が行われたものと解するのが相当です。

　一方で税務上では、個人が他の者と土地を共有している場合において、その共有に係る一の土地についてその持分に応ずる現物分割（共有物分割）があったときには、その分割による土地の譲渡はなかったものとして取り扱うものとされています（所基通 33-1 の 7）。さらに、分割されたそれぞれの土地の面積の比と共有持分の割合とが異なる場合であっても、その分割後のそれぞれの土地の価額の比が共有持分の割合におおむね等しいときは、その分割はその共有持分に応ずる現物分割に該当します（所基通 33-1 の 7（注））。

　また交換（現物分割）に伴って相手方から金銭などの交換差金を受け取ったときは、その交換差金が譲渡所得として所得税の課税対象になるので注意が必要です。

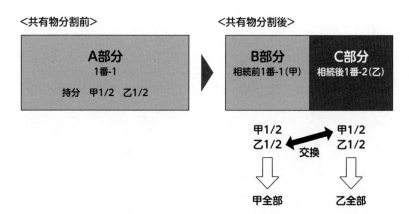

第4章

国庫等への遺贈寄附及び帰属等

事例 20

相続土地国庫帰属法を適用する場合

　甲に相続が発生しました。甲の相続人は乙と丙の二人で、甲の遺言はありません。甲の遺産として山林Xがありますが、乙も丙も山林Xの管理運用を行う予定はなく、処分先も見つからない状態です。

　この場合、次の取り扱いはどのようになりますか。

Q1 相続放棄をする以外に、山林Xを国庫に帰属させることはできますか。

Q2 国庫に帰属する場合の手続きはどのようになりますか。

Q3 国庫への帰属に際して乙及び丙に対する相続税及び所得税の課税関係はどのようになりますか。

回答

A1　相続土地国庫帰属法が制定されたことにより、法務大臣の承認を得て、相続により取得した山林を国庫に帰属させることができます。ただし、通常の管理や処分をするにあたり、過大な費用や労力が必要となる土地は対象外となります。

A2　土地を国庫に帰属させる手続きは、以下のとおりです。

① 　相続人が法務局へ申請（共有の場合は共有者全員で申請が必要）

② 　法務局による審査

③ 　現地調査等の実施

④ 　審査結果の通知

⑤ 　負担金の納付（④の通知から30日以内）

　なお、負担金の納付時に、所有権が国庫に引き継がれることになります。

A3　相続により取得した山林を相続人が国庫に帰属した場合、当該山林については租税特別措置法第70条に規定する相続税の非課税財産になると考えられます（令和5年7月31日現在の法令により判断）。

　また国庫へ帰属させる行為が贈与ではなく譲渡と解釈される場合には、みなし譲渡となり譲渡所得に係る所得税の課税関係が生ずると考えられます。また当該譲渡について国等に対して財産を寄附した場合の譲渡所得等の非課税（措法40）の適用はないものと考えられ結果的に現行法上では、帰属者に所得税の課税関係が生ずることとなります。一方で国庫への帰属で譲渡所得に係る所得税が発生することは相続土地国庫帰属法の普及促進に対し一定の影響が生ずることが推測できるため、今後何らかの措置が講じられることが予想されます（令和5年7月31日現在の法令により判断）。

解説

１ 相続土地の国庫帰属制度

　これまで、遺産相続に際して、相続人から除外されすべての遺産を受け取らないとする相続放棄の制度はありましたが、一部の遺産は受け取りつつ、不要な土地だけを手放すことができる制度はありませんでした。しかし、このような不要な土地を手放せないという状況が、結果として、管理不全の土地を生じさせ、所有者不明土地を増加させることにつながりました。そのため、このような状況を打開すべく、令和3年に「相続等により取得した土地所有権の国庫への帰属に関する法律」（相続土地国庫帰属法）が制定され、相続又は遺贈により土地を取得した所有者は、当該土地を国庫に帰属させることができる制度ができました。

　制度の詳細は、法務基礎編第4章 Q1 〜 Q6 をご参照下さい。

　なお、同制度の利用以外では、地方公共団体等への寄附、民間売買・贈与、農地中間管理機構の活用（農地の場合）、森林経営管理制度の利用（森林の場合）が考えられます。

２ 相続土地の国庫帰属の手続き

　相続土地の国庫帰属の手続きについては、相続土地国庫帰属法に規定されています。申請をできるのは、土地を相続又は遺贈により取得した土地の所有者に限られ、共有地の場合には共有者全員で申請をすることが必要です。なお、共

有者の一部が共有持分を相続又は遺贈により取得した場合でなくとも、相続又は遺贈により取得した共有者と共同で申請を行うことができます（相続土地国庫帰属法 2 ②）。

土地国庫帰属の申請は、①建物の存する土地や、②担保権その他使用収益を目的とする権利が設定されている土地、③通路や墓地、境内地、水道用地等の他人による使用が予定される土地、④土壌汚染がある土地、⑤境界や権利に争いのある土地には申請をすることができません（相続土地国庫帰属法 2 ③、相続土地国庫帰属令 2、相続土地国庫帰属令 4）。

なお申請がなされると、法務局による事実の調査が行われ、当該土地の実地調査や関係者への聴取等が行われます（相続土地国庫帰属法 6）。調査の結果、不承認事由がないと認められれば、承認の通知がなされ、併せて申請者に対して負担金の納付が通知されます。この負担金は、その土地の管理に要する 10 年分の標準的な費用の額を考慮して定められています。原則として 20 万円とされますが、①宅地のうち市街化区域又は用途地域が指定されている地域内の土地、②農用地として利用されている土地のうち（ア）市街化区域又は用途地域が指定されている地域内の農地、（イ）農用地区域内の農地、（ウ）土地改良事業等の施行区域内の農地、③森林として利用されている土地については、それぞれ政令にて定められている計算式に基づき面積に応じて算定することとなっています（相続土地国庫帰属令 5）（法務基礎編第 4 章 Q6）。

この負担金の納付をもって、土地の所有権は国に移転することになり、期限までに負担金を納付しない場合は、承認が失効することとなります（相続土地国庫帰属法 10 ③、相続土地国庫帰属法 11 ①）（法務基礎編第 4 章 Q5）（🔍**フォーカス 14. 相続土地国庫帰属制度の利用方法**）。

【手続きのイメージ】(法務省資料P21をもとに作成)

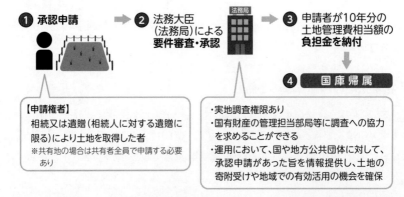

❶ 承認申請

❷ 法務大臣（法務局）による**要件審査・承認**

❸ 申請者が10年分の土地管理費相当額の**負担金を納付**

❹ 国庫帰属

【申請権者】
相続又は遺贈（相続人に対する遺贈に限る）により土地を取得した者
※共有地の場合は共有者全員で申請する必要あり

・実地調査権限あり
・国有財産の管理担当部局等に調査への協力を求めることができる
・運用において、国や地方公共団体に対して、承認申請があった旨を情報提供し、土地の寄附受けや地域での有効活用の機会を確保

❸ 相続税及び所得税の課税関係について

（1）相続税の取り扱いについて

　　相続又は遺贈により財産を取得した者が、その財産をその取得後当該相続又は遺贈に係る相続税の申告期限までに国若しくは地方公共団体又は公益社団法人、その他公益を目的とする事業を行う一定の法人に贈与をした場合には、当該贈与をした財産の価額は、当該相続又は遺贈に係る相続税の課税価格の計算の基礎に算入しないこととされております（措法70①）。当該贈与をした者又はその親族その他これらの者と特別の関係がある者の相続税又は贈与税の負担が不当に減少する結果となると認められる場合には、この規定の適用はありません。

　　また相続又は遺贈により財産を取得した者が、その取得財産を国、地方公共団体、その他公益を目的とする事業を行う一定の法人に対して著しく低い価額の対価で譲渡した場合には、当該財産のうち、当該財産の相続税の課税価格の計算の基礎となる価額から譲渡の対価の額を控除した金額に相当する部分については、租税特別措置法第70条に規定する贈与があったものとして取り扱われます（措通70-1-8）。

　　相続土地国庫帰属制度について同措置法の適用については同制度による国庫への帰属が資産の譲渡に該当するかが問題となります。それについては「国庫帰属の場合、その所有権の移転は民法上の贈与ではなく、国庫帰属の承認という行政処分による。所得税法33条にいう資産の譲渡は、有償・無償を問わず資産を移転させる一切の行為と解される。国庫帰属の承認によって土地の所有権が移転していることから、この場合も資産の譲渡にあたると考えられる」（平川英子、税研2021年11月、特別寄稿「いらない土地の行方～相続土地国庫帰属法制度の創設」28頁）としています。

　　仮に国庫への帰属が譲渡に該当する場合は、譲渡対価は0に該当し前記租税特別措置法通達70-1-8の取り扱いから、国庫に帰属した財産の相続税評価額と譲渡対価（0）の差額は、租税特別措置法第70条の国等に対して相続財産を贈与した場合等に該当することとなるため、同法の非課税の適用が受けられるものと考えられます（　**参考**　**相続土地国庫帰属法に係る措置法等の適用関係**）。

　　一方で申請書受付から審査完了まで半年から1年程度の期間を有するため、相続税の申告期限において租税特別措置法第70条を適用できない可能性があります。この部分については、租税特別措置法第70条の適用が更正の請求等により可能となるか、今後の税制を見守る必要があります。

(2) 所得税の取り扱いについて

　(1)のとおり国庫への帰属が資産の譲渡に該当する場合において、譲渡所得に係る所得税の課税関係が生ずるかが問題となります。国庫への帰属は 0 での譲渡に該当するため、著しく低い価額の対価での国等に対する譲渡となり時価で譲渡があったとみなされる可能性があります（所法 59 ①二）。

　一方で「国庫への帰属はその法形式上、贈与ではないため、所得税法第 59 条 1 項 1 号には該当しないと考えられる（所得税法 9 条 1 項 17 号には『みなし贈与』が含まれる一方、所得税法第 59 条 1 項 1 号には『みなし贈与』の規定がないことからすると、同号にいう『贈与』には贈与という法形式に対応するものと考えられる）」とされています（前掲平川 28 頁）。さらに平川氏はこの場合、租税特別措置法第 40 条の規定は「国又は地方公共団体に対し財産の贈与又は遺贈があった場合には、所得税法第 59 条第 1 項第 1 号の規定の適用については、当該財産の贈与又は遺贈がなかったものとみなす」とされており譲渡があった場合は除外されているため、所得税法第 59 条第 1 項第 2 号の著しく低い価額の対価での国等に対する譲渡は、租税特別措置法第 40 条の適用外であり、国庫への帰属は時価による譲渡所得課税が生ずる可能性があるという考え方を示しています。

　これらのことから、同制度による国庫への帰属は、所得税法第 59 条第 1 項第 2 号の適用により時価で譲渡があったとみなされ、さらに租税特別措置法第 40 条の譲渡所得等の非課税の適用外であるため、条文をそのままあてはめると時価相当額を譲渡収入とする譲渡所得が発生し、一定の所得税の課税関係が生ずる可能性があります（ **参考** 相続土地国庫帰属法に係る措置法等の適用関係）。

　ただし相続土地国庫帰属法は、所有者不明土地の発生を抑制するという趣旨で導入された法律であり、土地を国庫に帰属させた相続人に譲渡所得に係る所得税の課税関係が生ずることは、納税者が同法を適用する動機を減少させる要因になると推察されます。

参考 **相続土地国庫帰属法に係る措置法等の適用関係**（条文をそのままあてはめた場合の取り扱い）

被相続人が相続人に相続後、相続人が相続土地国庫帰属法を活用し国に寄付する場合

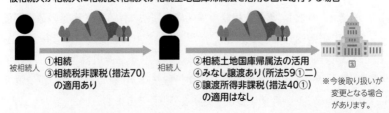

被相続人
①相続
③相続税非課税（措法70）の適用あり

相続人
②相続土地国庫帰属法の活用
④みなし譲渡あり（所法59①二）
⑤譲渡所得非課税（措法40①）の適用はなし

国
※今後取り扱いが変更となる場合があります。

そのためあくまで私見ではありますが、所得税の課税関係を生じさせない一定の措置（国庫への帰属は譲渡とみなされない取り扱いなど）が講じられるものと考えます（令和5年7月31日現在の法令により判断）。

🔍フォーカス

14. 相続土地国庫帰属制度の利用方法

（法務省 「相続土地国庫帰属制度に関するQ&A」を加工して作成）

ステップ	項目	内容
1	相談する	承認申請をする土地が所在する都道府県の法務局・地方法務局（本局）の不動産登記部門（登記部門）で事前予約の上、相談を受け付けています（支局・出張所では受付なし）。例外として土地が遠方にある場合など、承認申請先の法務局・地方法務局（本局）への相談が難しい場合は、近くの法務局・地方法務局（本局）でも相談が可能です。
2	相談時に持参するもの	法務省ホームページに掲載している(1)相続土地国庫帰属相談票、(2)チェックシートの2点を記入し持参します。また、相談したい土地の登記事項証明書、登記所備付地図の写し、所有権や境界に関する資料、土地の形状・全体が分かる写真など参考になりそうな資料を持参することが推奨されています。
3	国庫帰属制度以外の方法	国庫帰属以外の活用方法について一般的な方法を相談することは可能です。また、承認申請者の同意がある場合、承認申請後に地方公共団体といった関係機関に土地の情報提供を行い、土地の有効活用の可能性を確認する運用が予定されています。
4	申請書の作成	相続土地国庫帰属の承認申請書（ **参考** ）を作成します。記載例や添付書類は法務省ホームページ（https://www.moj.go.jp/MINJI/minji05_00457.html#mokuji6）に掲載されています。なお書類の作成は、原則は所有者本人が作成する必要がありますが、一定の資格者（弁護士、司法書士、行政書士）に書類作成を代行してもらうことが可能です。
5	申請書の受付	承認申請する土地が所在する都道府県の法務局・地方法務局（本局）の不動産登記部門（登記部門）が提出先となります（ただし、北海道は4つの法務局・地方法務局に管轄が分かれていますので、詳しくは法務省ホームページをご覧ください）。また審査手数料が土地一筆あたり14,000円かかり、申請書に印紙を貼付する形で納付します。申請が行われると法務局で実地調査が行われる可能性があります。受付時に審査完了予定時期が伝えられますが、制度開始からしばらくの間は、承認申請の受付後、半年〜1年程度の期間が掛かるとされています。

6	承認された場合の手続き	却下及び不承認事由（法務基礎第 4 章 Q4）に該当せず、申請の承認がされる場合、次の 2 通の書類が通知されます。 ⑴　承認した旨と負担金の額を記載した通知書 ⑵　負担金を納付するための納入告知書 　最終的に土地を帰属させるためには、⑵の納入告知書に記載された金額を納める必要があります。なお負担金については、法務基礎第 4 章 Q5 及び Q6 を参照して下さい。負担金が納付されると、所有権が国に移転されます（ **参考** 国庫帰属登記イメージ）。 　また、却下及び不承認の場合には、法務局の判断に異議を申し立てることができます。

参考 国庫帰属登記イメージ

権利部（甲区）（所有権に関する事項）			
順位番号	登記の目的	受付年月日・受付番号	権利者その他の事項
1	所有権移転	令和〇年〇月〇日 第〇〇〇号	原因　相続等により取得した土地所有権の国庫への帰属に関する法律第 11 条第 1 項の規定に基づく令和〇年〇月〇日所有権の国庫帰属

参考 相続土地国庫帰属の承認申請書（法務省ホームページより）

（https://www.moj.go.jp/MINJI/minji05_00457.html#mokuji6）

相続土地国庫帰属の承認申請書

令和　　年　　月　　日

　　　　　　　　　法務局長　殿
　　　　（提出先：　　　法務局）

　1　承認申請者　　氏　名
　　　　　　　　　　住　所

　　　　　　　　　　氏　名
　　　　　　　　　　住　所

<法人の共有者がいる場合>
　　名　称
　　（会社法人等番号：　　　　　　　　　　）
　　住　所
　　代表者氏名　代表取締役＿＿＿＿＿＿＿＿

2　承認申請に係る土地
　　所　在
　　地　番
　　地　目
　　地　積　　　　　　　㎡

3　承認申請に係る土地の所有権登記名義人
　　氏　名
　　住　所

　　氏　名
　　住　所

　　<法人の共有者がいる場合>
　　名　称
　　（会社法人等番号：　　　　　　　　　　　）
　　住　所
　　代表者氏名　代表取締役＿＿＿＿＿＿＿＿

4　添付書類
（必須書面）
□(1)　承認申請に係る土地の位置及び範囲を明らかにする図面
□(2)　承認申請に係る土地と当該土地に隣接する土地との境界点を明らかにする写真
□(3)　承認申請に係る土地の形状を明らかにする写真

□(4)　申請者の印鑑証明書

（遺贈によって土地を取得した相続人の必須書面）

□(5)　相続人が遺贈を受けたことを証する書面

（承認申請者と所有権登記名義人が異なる場合の必須書面）

□(6)　土地の所有権登記名義人（又は表題部所有者）から相続又は一般承
　　　継があったことを証する書面

（任意書面）

□　固定資産評価証明書

□　承認申請土地の境界等に関する資料

□　その他（　　　　　　　　　　　　　　　　　　　　）

5　審査手数料＿＿＿＿＿＿＿＿＿＿＿＿＿円

6　承認申請に係る土地の状況　　　別紙のとおり

7　その他

(1)　私は、＿＿＿＿＿＿法務局が、審査に当たって承認申請に係る土地の状況
　　を確認する目的で、当該土地の固定資産課税台帳の情報（土地の所在・地番、
　　現況地目及び現況地積（課税））を地方公共団体から取得することを承諾し
　　ます。

　　　　□　はい

(2)　私は、本承認申請に係る土地の所有権が国庫に帰属した場合、国庫帰属
　　後に土地を管理する国の機関によって、私から国の機関への所有権移転の
　　登記嘱託が行われることを承諾します。

　　　　□　はい

(3)　私は、＿＿＿＿＿＿法務局が、本承認申請に係る土地を有効活用する観点
　　から寄附受付の可能性等を確認するため、関係する国の行政機関、地方公
　　共団体や土地の有効活用に資する団体等に対し、本承認申請に係る情報（承
　　認申請があった旨、承認申請に係る土地の所在・地番、承認申請者名、承
　　認申請に係る土地の位置及び範囲を明らかにする図面・承認申請に係る土地

と当該土地に隣接する土地との境界点を明らかにする写真・承認申請に係る土地の形状を明らかにする写真）を提供することを承諾します。

　　□　はい

(4)　承認後の納入告知書を代表して受領する申請人：＿＿＿＿＿＿＿＿＿

　本件申請の内容は真実に相違ありません。

　相続等により取得した土地所有権の国庫への帰属に関する法律（令和3年法律第25号。以下「法」という。）第2条第2項に基づき、上記のとおり、申請します。

　　　申請者　　　住　所
　　　　　　　　　氏　名　　　　　　　　　　　　　　（実印）
　　　　　　　　　連絡先

　　　　　　　　　住　所
　　　　　　　　　氏　名　　　　　　　　　　　　　　（実印）
　　　　　　　　　連絡先

　　　　　　　　　名　称
　　　　　　　　　（会社法人等番号：　　　　　　　　）
　　　　　　　　　住　所
　　　　　　　　　代表者氏名　代表取締役　　　　　　（実印）
　　　　　　　　　連絡先

　　（申請書の作成を資格者が代行する場合）
　　　　承認申請書作成者
　　　　　　　　　住　所
　　　　　　　　　氏　名
　　　　　　　　　連絡先

（別紙）　承認申請に係る土地の状況について

☐　建物の存する土地ではありません。（法第2条第3項第1号）

☐　担保権又は使用及び収益を目的とする権利が設定されている土地ではありません。（法第2条第3項第2号）

☐　【森林の場合】森林組合等への森林経営委託契約等の管理や経営に関する委託契約を締結している土地、入会権・経営管理権が設定されている土地ではありません。（法第2条第3項第2号）

☐　通路その他の他人による使用が予定される土地ではありません。（法第2条第3項第3号）

☐　【森林の場合】他人による使用が予定される林道、登山道が含まれる土地ではありません。（法第2条第3項第3号）

☐　土壌汚染対策法第2条第1項に規定する特定有害物質により汚染されている土地ではありません。（法第2条第3項第4号）

☐　境界が明らかでない土地その他の所有権の存否、帰属又は範囲について争いがある土地ではありません。（法第2条第3項第5号）

☐　崖（勾配が30度以上であり、かつ、高さが5メートル以上のもの）がある土地のうち、その通常の管理に当たり過分の費用又は労力を要するものではありません。（法第5条第1項第1号）

☐　土地の通常の管理又は処分を阻害する工作物、車両又は樹木その他の有体物が地上に存する土地ではありません。（法第5条第1項第2号）

☐　除去しなければ土地の通常の管理又は処分をすることができない有体物が地下に存する土地ではありません。（法第5条第1項第3号）

□　隣接する土地の所有者等との争訟によらなければ通常の管理又は処分を
　　することができない土地（隣接所有者等によって通行が現に妨害されている
　　土地）ではありません。（法第５条第１項第４号）

□　隣接する土地の所有者等との争訟によらなければ通常の管理又は処分を
　　することができない土地（所有権に基づく使用収益が現に妨害されている土
　　地）ではありません。（法第５条第１項第４号）

□　【別荘地の場合】別荘地管理組合等から管理費用が請求されるなどのトラ
　　ブルが発生する土地ではありません。（法第５条第１項第４号）

□　【森林の場合】立木を第三者に販売する契約を締結している土地ではあり
　　ません。（法第５条第１項第４号）

□　土砂崩落、地割れなどに起因する災害による被害の発生防止のため、土
　　地の現状に変更を加える措置を講ずる必要がある土地（軽微なものを除く）
　　ではありません。（法第５条第１項第５号）

□　鳥獣や病害虫などにより、当該土地又は周辺の土地に存する人の生命若し
　　くは身体、農産物又は樹木に被害が生じ、又は生ずるおそれがある土地（軽
　　微なものを除く）ではありません。（法第５条第１項第５号）

□　【森林の場合】適切な造林・間伐・保育が実施されておらず、国による整
　　備が追加的に必要な森林ではありません。（法第５条第１項第５号）

□　国庫に帰属した後、国が管理に要する費用以外の金銭債務を法令の規定
　　に基づき負担する土地ではありません。（法第５条第１項第５号）

□　国庫に帰属したことに伴い、法令の規定に基づき承認申請者の金銭債務
　　を国が承継する土地ではありません。（法第５条第１項第５号）

　　私は、本承認申請に係る土地の状況について、上記のとおり、法第2条第3項に規定する申請をすることができない土地及び同法第5条第1項に規定する帰属の承認ができない土地に該当しないことを確認しました。

申請者氏名 _____

　　　　　　_____

　　　　　　_____

収入印紙貼付台紙

収　入
印　紙

🔍フォーカス————————————————————

15. 相続土地国庫帰属制度を利用できる相続により土地の所有権又は共有持分を取得した者等とはどのような人か

　相続土地国庫帰属制度を利用できる相続により土地の所有権又は共有持分を取得した者等は大きく次の5区分に分類がされます。①及び②が単独所有の土地、③～⑤が共有に属する土地となります。

①相続等により所有権の全部を取得した所有者

②相続等により所有権の一部を取得した者

③相続等により共有持分の全部を取得した共有者

④相続等により共有持分の一部を取得した共有者

⑤相続等以外の原因により共有持分を取得した共有者

【具体例】（法務省資料P22をもとに作成）

単独所有

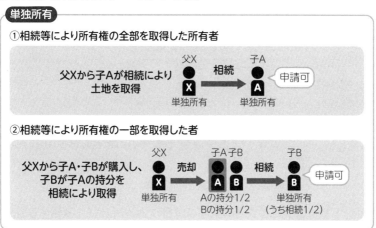

①相続等により所有権の全部を取得した所有者

②相続等により所有権の一部を取得した者

共　有

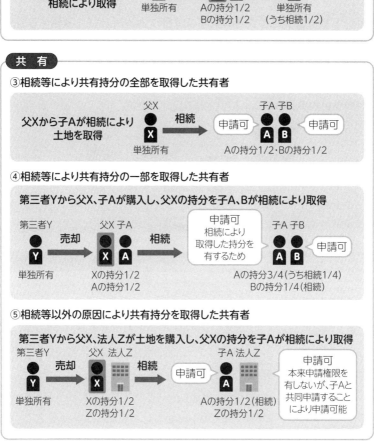

③相続等により共有持分の全部を取得した共有者

④相続等により共有持分の一部を取得した共有者

⑤相続等以外の原因により共有持分を取得した共有者

事例 21

公益財団法人に不動産を遺贈寄附する場合

　甲は、所有する不動産 A を含め財産や債務の全部について包括して公益財団法人 X 協会（以下「X 協会」とします）に遺贈寄附をしたいと考えています。相続人全員もその考えに同意しており、各相続人は X 協会に対して遺留分侵害額の請求は行いません。なお、遺贈をした甲の親族等特別関係者の相続税負担が不当に減少することはありません。

　これらを前提として甲は X 協会と打合せを開始しました。

Q1 甲が X 協会に不動産 A その他甲の財産の全部を包括して遺贈する場合はどのような手続きとなるでしょうか。

Q2 **Q1** により X 協会に不動産 A その他甲の財産の全部を包括して遺贈した場合に生ずる課税関係はどのようになりますか。　なお不動産 A は X 協会の当該公益目的事業の用に直接供される見込みです。

回答

A1　甲は、X 協会に対して、不動産 A その他甲の財産の全部について包括遺贈するという内容の遺言を作成することになります。なお、遺贈は、遺言者である甲の単独行為として行うことができますが、受遺者は遺贈を放棄することもできるので、円滑に遺贈を行うには事前に X 協会と協議をしておくことも必要です。

A2　X 協会が遺贈により取得する財産については、X 協会に法人税及び相続税の課税関係は生じません。また甲については、遺贈した不動産 A について、譲渡所得の課税関係が生じますが、一定の要件を満たすものとして国税庁長官の承認を受けたときは、譲渡所得に係る所得税について非課税の適用が受

けられます。なお甲は遺贈寄附した財産について、準確定申告で寄附金控除の適用を受けることができます。

解説

Ⅰ　遺贈の手続き

遺贈とは、被相続人が遺言によって他人に対して自己の財産を与える処分行為をいいます（民964）。死因贈与と類似しますが、死因贈与は受贈者との合意が必要な契約であるのに対して、遺贈は単独行為であるという点で区別されます。

遺贈の相手（受遺者）は、個人でも法人でも可能で、相続人に対する遺贈も可能です。

遺贈には、遺産の全部又は一定割合で示された部分の遺産を対象とする「包括遺贈」と、特定の財産を対象とする「特定遺贈」があります。包括遺贈の場合、包括受遺者は、相続人と同一の権利義務を有することになるので、遺贈された遺産全部（又は指定された一定割合）は、被相続人の一身専属権を除き、遺贈の効力発生と同時に権利も義務も含めて包括的に受遺者に帰属することとなります（民990）。そのため、包括受遺者は、被相続人のプラスの財産のみならず、負債についても承継することとなるので、注意が必要です。

本件の甲は、財産すべてを包括して遺贈することを希望しているため、包括遺贈の遺言を作成することになります。

なお、遺贈は被相続人が単独で行う行為ですが、受遺者は取得を強制されるわけではなく、遺言者の死亡後いつでも遺贈の放棄をすることができます（民986①）。遺贈の放棄の効果は、遺言者の死亡時に遡って生じます（民986②）。

そのため、甲がX協会に遺産を受け取ってもらいたいと考えるのであれば、生前にX協会も協議をし、遺贈を受けてもらえるよう調整をしておいた方がよいでしょう。

Ⅱ　不動産Aを遺贈寄附した場合の課税関係について

（1）遺贈を受けた法人の相続税及び法人税の課税関係について

法人等が遺贈により被相続人から財産を取得する場合、当該法人に相続税の納税義務が生ずるか確認します。

相続税の納税義務者は、原則として個人となります（相法1の3）。そのため法人には原則として相続税の納税義務は生じませんが例外的に、法人が納税

義務者になる場合があります（**フォーカス 16. 遺贈（特定遺贈）先別の課税関係**）。

　本事例では、X 協会（公益財団法人）は持分の定めのない法人に該当し、遺贈をした者の親族等特別関係者の相続税負担が不当に減少する事由も認められないため相続税の納税義務者には該当しません（相法 66 ④、相令 33 ③、相令 33 ④）。また、X 協会は公益財団法人であるため収益事業についてのみ法人税課税が生じますが（法法 6）、甲から遺贈により不動産 A を取得する行為は、収益事業に該当しないため法人税課税も生じません。

（2）遺贈寄附をした者の所得税の課税関係について

　個人が法人に遺贈した財産が譲渡所得の基因となる資産である場合には、譲渡時の時価に相当する金額により、資産の譲渡があったとみなされます（所法 59 ①一）。

　また、公益財団法人等に遺贈をした不動産について、遺贈があった日から 2 年を経過する日までの期間内に科学の振興、文化の向上、社会福祉への貢献その他公益の増進に著しく寄与することなど一定の要件を満たすものとして国税庁長官の承認を受けたときは、譲渡所得に係る所得税について非課税の適用が受けられます（措法 40 ①）（ **参考** 被相続人が国・地方公共団体・一定の公益法人等に不動産等を遺贈寄附する場合）。

　この国税庁長官の承認を受けようとする者は、原則として、寄附の日から 4 ヶ月以内（その期間を経過する日前に寄附した日の属する年分の所得税の確定申告書の提出期限が到来する場合には、その提出期限まで）に「租税特別措置法第 40 条の規定による承認申請書」及び必要な添付書類を寄附した人の所得税の納税地を所轄する税務署長に対し提出しなければなりません（措令 25 の 17 ①）。

　仮に公益法人等が遺贈寄附を受けた財産を公益目的事業の用に供する前に承認が取り消された場合には、寄附した人に対し所得税が課されます（措法 40 ②）。また寄附を受けた公益法人等が寄附財産を公益目的事業の用に直接供した後に承認が取り消された場合には、寄附を受けた公益法人等を個人とみなして、原則として、その取り消された日の属する年分の譲渡所得等として所得税が課されます（措法 40 ③）。

　さらに同非課税の適用を受ける場合、被相続人の準確定申告について寄附金控除の適用を受けることができます。この寄附金控除の対象となる金額は、そ

の財産の取得価額（被相続人から引き継いだ取得価額）とされます（措法40⑲）。

　本事例外ですが、仮に不動産のみを一定の法人に特定遺贈し、租税特別措置法第40条の適用を受けない場合は被相続人にみなし譲渡の規定が適用され、被相続人の準確定申告において譲渡所得に係る所得税の課税関係が生じます（措法59①一）（🔍**フォーカス 16. 遺贈（特定遺贈）先別の課税関係**）。この場合において準確定申告の納税義務は、相続人が国税通則法の規定により承継します（事例22【解説】**3**）。

▌参考▐ 被相続人が国・地方公共団体・一定の公益法人等に不動産等を遺贈寄附する場合

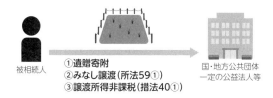

被相続人

①遺贈寄附
②みなし譲渡（所法59①）
③譲渡所得非課税（措法40①）

国・地方公共団体
一定の公益法人等

🔍 **フォーカス**

16. 遺贈（特定遺贈）先別の課税関係

　被相続人から一定の法人に不動産を特定遺贈する場合に生ずる税目ごとの課税関係は、次のとおりです。

遺贈先	相続税	法人税	所得税	その他の税
持分の定めのある法人（株式会社、有限会社等）	納税義務無（相法 1 の 3）	取得財産に法人税課税（法法 22 ②）	被相続人の準確定申告において譲渡所得課税（所法 59 ①一）	同族会社の場合法人の株主に贈与税課税（相基通 9-2）
持分の定めのない法人（学校法人、宗教法人、公益社団・財団法人、NPO 法人、一般社団・財団等）	【原則】納税義務無【例外】遺贈をした者の親族等特別関係者の相続税負担が不当に減少する場合は納税義務有(相法 66 ④、相令 33 ③、相令 33 ④)、特定一般社団法人等※は納税義務有（相法 66 の 2）	遺贈先が収益事業のみを行う法人である場合には取得財産に法人税課税（法法 22 ②）、それ以外は課税無	被相続人の準確定申告において譲渡所得課税(所法 59 ①一)、遺贈先が公益目的事業を行う法人等の場合は非課税（措法 40 ①）	―
人格のない社団等（PTA、町内会等）	納税義務有（相法 66 ①）、ただし公益を目的とする事業を行う者が遺贈により取得する財産については非課税（相法 12 ①三）	遺贈先が収益事業のみを行う法人である場合には取得財産に法人税課税（法法 6、法法 22 ②）、それ以外は課税無	被相続人の準確定申告において譲渡所得課税(所法 59 ①一)	―

※　特定一般社団法人等とは次に掲げる要件のいずれかを満たす一般社団法人等をいいます（国税庁ホームページ「特定の一般社団法人等に対する課税のあらまし」を一部加工して作成）。
　①　相続開始の直前におけるその被相続人に係る同族理事の数の理事の総数のうちに占める割合が 1/2 を超えること。
　②　相続開始前 5 年以内において、その被相続人に係る同族理事の数の理事の総数のうちに占める割合が 1/2 を超える期間の合計が 3 年以上であること。
　　特定一般社団法人等の理事である者（その一般社団法人等の理事でなくなった日から 5 年を経過していない者を含みます）が死亡した場合、同法人等は、死亡した被相続人の相続開始の時におけるその特定一般社団法人等の純資産額をその時における同族理事の数に 1 を加えた数で除して計算した金額に相当する金額をその被相続人から遺贈により取得したものと、その特定一般社団法人等を個人とそれぞれみなし、その特定一般社団法人等に相続税を課すこととされています。

事例 22

公益財団法人に換価遺言が行われた場合

　甲は、財産として不動産 A 及び預貯金を保有しています。甲は、自分の死後、これらの財産をすべて現金化した上で、まずは医療費等の債務の返済に充て、残金を公益財団法人 X 協会（以下「X 協会」とします）と甲の唯一の相続人である乙に 1/2 ずつ取得してほしいと考えています。なお、X 協会への遺贈により甲の親族等特別関係者の相続税負担が不当に減少することはないものとします。

Q1 甲の希望を実現するには、どのような手続きをすることになりますか。

Q2 **Q1** の場合、X 協会に係る法人税・相続税、並びに乙の相続税の課税関係はどのようになりますか。

Q3 甲及び乙の譲渡所得に係る課税関係はどのようになりますか。
　　なお租税特別措置法第40条の非課税の適用要件は満たしていないものとします。

被相続人甲所有　　　　遺言執行者　　　　　受遺者

①換価　　　　②分配　　　　X協会

不動産A・預貯金・債務　　　　金銭　　　　　　乙

回答

A1　甲は、遺言執行者において不動産 A を換価した上で、預貯金を合わせた相続財産から債務を弁済し、残った相続財産について 1/2 を X 協会に遺贈するとともに、残りの 1/2 を乙に相続させるという内容の換価遺言を作成することになります。なお、X 協会に対する遺贈は、債務の清算を伴うものであることから、包括遺贈に該当します。

A2　X 協会に法人税・相続税の課税関係は生じません。また乙については、相続税の課税関係が生じます。

A3　甲は X 協会に遺贈しているため、甲にみなし譲渡に係る所得税の課税関係が生じます。なお、この甲に係る所得税は X 協会と乙で 1/2 ずつ負担します。

また乙は不動産 A を包括遺贈により取得し譲渡しているため、乙に譲渡所得に係る所得税の課税関係が生じます。

解説

1　換価遺言

（1）換価遺言の概要

　換価遺言とは、相続財産を換価し、その換価代金を受遺者に分配することを内容とする遺言をいいます。なお、換価遺言の中には、換価代金から相続債務を弁済した後の残金を遺贈の対象とする場合（清算型遺贈）もあります。

　従前は、相続においては、相続財産そのものを現物で承継するのが主でしたが、近年の家族関係の多様化等により、相続財産を換価の上、現金で分配したり、あるいは相続人以外の団体等に遺贈をしたりすることなどが増えており、換価遺言が増加しているといわれています。

（2）換価遺言の法的性質

　換価遺言が特定遺贈であるか包括遺贈であるかについては様々な考えがあります。

　受遺者が取得するのは相続財産そのものではなく、換価された後の金銭であることから、この点に着目すれば不特定物に関する特定遺贈とも思われます。他方で、換価代金の全額がそのまま遺贈されるわけではなく、相続債務の清算を行った上で残金を遺贈する内容の遺言の場合、受遺者に積極財産だけでなく債務をも承継させるのが遺言者の意思であると解釈できることから、遺言の解釈として包括遺贈にあたると考えられます。

　本事例では、甲は、相続財産の全部を換価し、相続債務の清算を行った上で残金を X 協会と相続人の乙で 1/2 ずつ取得させるというものであることから、X 協会に対して相続債務の承継も意図している内容といえ、包括遺贈にあたると考えられます。

（3）換価遺言の執行手続き

　換価遺言の執行は、遺言執行者が行うことになります。遺言執行者は、遺言の内容を実現するため、相続財産の管理その他遺言の執行に必要な一切の行為をする権利義務を有する（民 1012）とされており、その具体的な権限の範囲は遺言の内容によって決まります。換価遺言の執行に際しては、相続財産を売

却処分して現金化し、相続債務を弁済することができます。

　本事例においては、遺言執行者は不動産Aを売却処分し、その売却代金から相続債務を返済した上で、残った売却代金とその他の預貯金の合計額について、1/2をX協会に、1/2を乙に承継させることとなります。

❷ 相続税等の課税関係について

　X協会（公益財団法人）は持分の定めのない法人に該当し、遺贈をした者の親族等特別関係者の相続税負担が不当に減少する事由も認められないため相続税の納税義務者には該当しません（相法66④、相令33③、相令33④）。また、X協会は公益財団法人であるため収益事業についてのみ法人税課税が生じますが（法法6）、甲から遺贈により不動産Aを取得する行為は、収益事業に該当しないため法人税課税も生じません。

　また乙については、包括遺贈により取得する換価財産から債務を控除した金額について相続税が課されます。この場合、換価財産の評価について換価時の売却代金に基づく金額によるか、財産評価基本通達に則った評価額によるかが問題となります。これについて、包括遺贈の場合、「受遺者は、物権的効力により一旦は直接相続財産を取得することとなり、その後、管理処分権限を失うものと解される。そして、受遺者は、遺贈により換価される相続財産を包括遺贈の割合により取得するから、割合に応じた相続財産自体の価額が、相続税の課税価格となる」とされています（小柳・換価遺言64頁）。そのため換価遺言であっても、財産評価基本通達で評価した価額を基礎に相続税の課税価格を計算することとなります。

❸ 譲渡所得に係る課税関係について

　換価遺言が行われた場合、換価した資産の譲渡所得は誰に帰属することになるのかについて検討します。これについては、「換価遺言が包括遺贈と解される場合には、遺贈による物権的効力が生じ、受遺者は、換価される相続財産について、法的な所有権を生じた上で、遺言執行者の存在により、その権利が制限されることになる。この場合には、包括受遺者が所有権者であるから、譲渡所得は、受遺者に帰属し、受遺者が納税義務者になると解される」（小柳・換価遺言80-81頁）とされています。

　また「不特定物（金銭）遺贈の場合には、個々の当事者の権利関係に照らせば、所有権基準による判定が妥当しない。所有権基準ではない法的な『収益の享受可

性』を視点に所得の帰属を決定すべきであり、この基準に照らせば、遺言により相続開始の時から法的に収益の享受の内容が確定し、『収益の享受可能性』を有するのは、受遺者にほかならないから、譲渡所得は、受遺者に帰属し、受遺者が納税義務者になると考えられる。」(小柳・換価遺言 7 頁) とされています。これらのことから、換価遺言が包括遺贈とされる場合、さらには不特定物 (金銭) 遺贈の場合のいずれにおいても、譲渡所得は受遺者に帰属すると考えられています。

　本事例では X 協会と乙は不動産 A を包括遺贈により取得し、その後譲渡しています。よって個人である乙については不動産 A の 1/2 部分について譲渡所得の課税関係が生じます。この場合の譲渡所得の計算は、不動産 A の譲渡代金の1/2 が収入金額となり、そこから甲から引き継いだ取得費を控除することとなります (所法 60)。

　一方で個人が法人に遺贈した財産が譲渡所得の基因となる資産である場合には、譲渡時の時価に相当する金額により、資産の譲渡があったとみなされます (所法 59 ①一)。

　本事例では、甲が X 協会に不動産 A の 1/2 部分について包括遺贈しているため甲から X 協会に時価で譲渡があったとみなされ甲に不動産 A の 1/2 部分について譲渡所得の課税関係が生じます。

　また、事例 21 と異なり遺言執行者により換価されその金銭の一部が公益法人等に帰属することとなります。このように不動産が直接公益法人等に帰属しない場合には、原則として租税特別措置法第 40 条の適用を受けることができません。一方で不動産につき収用等があったことその他の政令で定める理由により当該財産の譲渡をし、譲渡による収入金額の全部に相当する金額によりこの不動産に代わるべき資産として政令で定めるものを取得したときは租税特別措置法第 40 条の非課税の適用を受けられる可能性があります (措法 40 ①)。本事例の前提には租税特別措置法第 40 条の非課税の適用要件を満たしていないとあるため甲の準確定申告において譲渡所得に係る所得税の課税関係が生じます。

　続いて甲の準確定申告の納税義務は誰となるかが問題となります。

　これについて、国税通則法では相続 (包括遺贈を含む。以下同じ) があった場合には、相続人 (包括受遺者を含む。以下同じ) 又は相続財産法人は、その被相続人 (包括遺贈者を含む。以下同じ) に課されるべき又は納付すべき、国税を納める義務を承継するとされております (通法 5 ①)。さらに相続人が 2 人以上あるときは、(法定相続分・代襲相続人の相続分・遺言による相続分の指定) の規定によるその相続分により按分して計算した額とされ (通法 5 ②)、包括遺贈の割

合は、同項の指定相続分に含まれるものとされております（通基通5関係2）。つまり相続人及び包括受遺者が2名以上の場合は、包括遺贈の割合により、被相続人の国税の納税義務を承継することとなります。

　本事例では、包括遺贈の割合がX協会及び乙で1/2ずつであるため、法令上は当該割合にて準確定申告に係る所得税の納税義務が承継されることとなります。一方で実務上は売却代金から準確定申告に係る所得税を遺言執行者が支払い、その残額をX協会に帰属させる取り扱いが多いようです。

　相続人は、その相続の開始があったことを知った日の翌日から4ヶ月を経過した日の前日、包括受遺者は遺贈のあったことを知った日の翌日から4ヶ月を経過した日の前日までに準確定申告書を提出しなければなりません（所法120）。

🔍フォーカス

17. 割合的包括遺贈がなされた場合の遺産分割協議

　本事例外ですが、割合的包括遺贈がなされた場合の遺産分割協議について検討します。包括遺贈は、一定の割合で遺産を取得することは決まっていますが、具体的な取得する遺産の内容は決まっていません。そのため、遺産の内容が複数種類あり、他にも相続人や包括受遺者がいる場合には、相続人・受遺者間で、具体的な遺産をどのように分配するかを決めるため遺産分割協議を行うことが必要となります。この場合の遺産分割協議書には、包括受遺者の立場を明確にするために、被相続人の遺言により割合的包括遺贈がなされたことと、その割合について記載することが必要となります。

【割合的包括受遺者を含んだ遺産分割協議書の例】

被相続人Aが、相続人Bに遺産の1/2を相続させ、受遺者Cに遺産の1/2を包括遺贈する内容の遺言を残した場合

遺産分割協議書

　　被相続人A(昭和○年○月○日生、令和○年○月○日死亡、本籍地：東京都…)の遺産について、相続人B(以下「甲」という)と、包括受遺者C(以下「乙」という)は、遺産分割協議の結果、以下のとおり遺産を分割し、取得することを合意した。

1　甲と乙は、被相続人が令和○年○月○日付け公正証書遺言において、以下の内容の有効な遺言を作成したことを確認する。
　　(1)遺産の1/2を甲に相続させる。
　　(2)遺産の1/2を乙に包括遺贈する。
2　甲及び乙は、被相続人の遺産が別紙遺産目録記載のとおりであることを確認する。
3　甲は、次に記載する遺産を取得する。
　　(1)別紙遺産目録記載1の土地
　　(2)別紙遺産目録記載2の1及び2の預貯金
　　(3)別紙遺産目録記載3の有価証券
3　乙は、次に記載する遺産を取得する。
　　(1)別紙遺産目録記載2の土地
　　(2)別紙遺産目録記載2の3の預貯金
4　甲及び乙は、別紙遺産目録4の債務について、各1/2ずつ負担する。

　　以上の遺産分割協議の合意を証するため、本書2通を作成し、甲乙各1通ずつ保管するものとする。

令和○年○月○日

　　　　　　　　相続人　　　(甲)
　　　　　　　　住所
　　　　　　　　氏名　　　　　　　　　　㊞

　　　　　　　　包括受遺者(乙)
　　　　　　　　住所
　　　　　　　　氏名　　　　　　　　　　㊞

フォーカス

18. 相続人不存在の換価 (清算型) 遺言の登記

　不動産の登記名義人となっている方に相続人がおらず、「死後に第三者へ不動産を売却した上で、その売却金を慈善団体等へ遺贈 (清算型遺贈) する」内容の遺言書を残した場合、遺言執行者がそれらを実行することができます。その際の登記手続きとしては、まず遺言執行者の単独申請により、相続財産法人へ登記名義人表示変更の登記を行い、その後売却先である第三者と遺言執行者との共同申請により所有権移転登記を行います。

　なお、上記と異なり、不動産の登記名義人に相続人がおり、同様の遺言書を残した場合の登記手続きとしては、遺言執行者の単独申請により相続人への相続登記を行い、その後売却先である第三者と遺言執行者との共同申請により所有権移転登記を行います。

事例 23

相続人が相続財産を国及び地方公共団体に寄附する場合

　甲は、A市に所在の不動産 X を所有しています。甲は、自分の死後、不動産 X をいったん相続人に相続した後、A市に寄附したいと考えており、甲の唯一の相続人である乙もその考えに同意しています。

Q1 甲が乙に不動産 X を相続させ、その後、乙が A 市に不動産 X を寄附する場合の手続きはどのようになりますか。

Q2 **Q1** により乙が不動産 X を A 市に寄附した場合の相続税等の課税関係はどのようになりますか。

回答

A1　甲の死亡後、乙が相続により不動産 X を取得した上で、乙が A 市との間で贈与契約を締結することになります。

A2　A 市に不動産 X を相続税の申告期限までに寄附する場合、寄附をする相続人は不動産 X について相続税の非課税の適用を受けることができます。そのため寄附した不動産 X について、譲渡所得課税はされません。また遺贈した財産について準確定申告で寄附金控除の適用を受けることができます。なお A 市が遺贈により取得する財産について法人税及び相続税は発生しません。

解説

１ 乙が A 市に不動産 X を寄附する場合の手続き

　甲が直接 A 市に遺贈するのではなく、いったん相続人である乙が相続により不動産 X を取得した上で、乙が A 市に不動産 X を贈与することになります。贈与は契約であるため、乙と A 市との間で贈与契約を締結することになります。

② 相続財産を寄附した場合の課税関係

　相続により取得した財産を相続税の申告期限までに、国又は地方公共団体等に贈与した場合、相続税の非課税が適用され贈与した財産の価額は、相続税の課税価格の計算の基礎に算入しないこととされます（措法70）。

　また、寄附した相続人は不動産を時価で国に譲渡したものとみなされますが（所法59①一）、国等に対して財産を寄附した場合の譲渡所得等の非課税の規定（措法40①）により、譲渡所得は生じないこととなります（**参考** **被相続人が相続人に相続後、相続人が国・地方公共団体・一定の公益法人等に不動産を寄附する場合**）。

　さらに、譲渡した相続人は、譲渡した年の属する年において、その財産の取得価額について寄附金控除の適用を受けることができます。この寄附金控除の対象となる金額は、その財産の取得価額（被相続人から引き継いだ取得価額）とされます（措法40⑲）

参考 被相続人が国・地方公共団体・一定の公益法人等に不動産等を遺贈寄附する場合

事例 24

相続人及び特別縁故者が不存在で相続財産が国庫に帰属する場合

　甲が死亡し、相続が発生しました。甲の遺産としては、自身の住居として使用していた不動産 A と、X 銀行に対するカードローンの負債がありますが、甲に相続人及び特別縁故者はなく、遺言書も作成していませんでした。また、相続開始時点で甲に所得はないものとします。

　この場合、次の取り扱いはどのようになりますか。

Q1 甲の遺産はどのような取り扱いになりますか。

Q2 X 銀行はどのように甲に対する債権を回収しますか。

Q3 甲の所得税の課税関係、及び不動産 A の売却について課税関係は生じますか。

▼

回答

A1　相続人が不存在である場合、相続財産は相続財産法人となり、裁判所が選任した相続財産清算人が相続財産を管理し、財産の換価や、相続債権者及び受遺者への弁済等を行うことになります。弁済等を行った後の残余財産は国庫に帰属します。

A2　X 銀行は家庭裁判所に対して相続財産清算人の選任の請求を行い、家庭裁判所が選任した相続財産清算人が行った公告に対して、債権の請求の申出を行います。相続財産清算人は、甲の相続財産を換価した上で、X 銀行に対して弁済を行います。甲に相続人等が不存在の場合、利害関係人等からの申立に基づき、裁判所が選任する相続財産清算人が相続財産を管理し、一定の手続きを経た後、金銭や不動産などの残余財産は国庫に帰属します。

A3　甲に相続人はなく、遺言もないため相続財産は相続財産法人に帰属します。

　この相続財産法人への帰属について、みなし譲渡の規定の適用はなく甲の所得税の課税関係は生じないと考えられます。

　また不動産 A の売却に係る納税義務については、相続財産法人の財産が最終的に国庫に帰属するため、納税義務がないと判断しても課税上の弊害はないと考えられます。

　一方でみなし譲渡及び相続財産法人が行う売却にかかる所得について課税すべきという考え方もあり、今後検討が必要な部分となります。

解説

1 相続人の不存在

　相続人の存在が明らかでない場合、相続財産は相続財産法人となります（民951）。

　この場合、利害関係人又は検察官の請求によって、家庭裁判所が、相続財産清算人（改正前は「相続財産管理人」）を選任することになります（新民952①）。この利害関係人とは、被相続人の債権者や特別縁故者（内縁関係にある者、被相続人の療養看護に努めた者、同居していた法定相続人でない親族など）が該当します。なお、相続人がいることが明らかになった場合には、相続財産法人は不成立となるため（民955）、相続財産清算人選任の請求をする際には、事前に、相続人がいないことについて、出生から死亡までの連続した戸籍を取得するなどして確認する必要があります。

　相続財産清算人が選任されると、相続財産清算人選任の公告と相続人の捜索の公告が家庭裁判所により実施され（新民952②）、併せて、相続財産清算人から相続債権者や受遺者に対して、2ヶ月以上の期限を定めて、その期間内に請求の申出をすべき旨の公告を行います（新民957①）。

　相続財産清算人は、相続債権者や受遺者から請求の申出があった場合は、相続財産を換価の上、これらの者に対する弁済を行います（新民957②、民929、民931）。

　また、相続人捜索の公告期間内に相続人として権利主張をする人がいない場合には、特別縁故者に対する相続財産の分与ができるようになります（民958の2）。特別縁故者への相続財産分与によっても処分されなかった相続財産は、国庫に帰属することとなります（民959）。

2 甲に対する債権回収

　相続財産清算人が選任されると、相続財産清算人は、すべての相続債権者及び受遺者に対して、2ヶ月以上の一定の期間内にその請求の申出をすべき旨を公告することになります。（新民957①）。上記期間内に、相続債権者や受遺者が判明した場合には、相続財産清算人は、相続財産を換価の上、債権額に応じて弁済をすることになります。ただし、優先権を有する債権者の権利を害することはできません（新民957②、民929、民932）。

　なお、相続債権者は、相続財産の競売や鑑定にも参加することができます（新民957②、民933）。

❸ 不動産の換価に係る税金について

（1）甲が所有する不動産 A が相続財産法人に帰属することに対するみなし譲渡の適用について

　　相続財産が相続財産法人となる場合において、法人に対する遺贈に該当し所得税法第 59 条に規定するみなし譲渡の適用があるか否かが問題となります。これについて「最高裁昭和 29 年 9 月 10 日判決（判例タイムズ 42 号 27 頁。）は、相続財産法人は、被相続人の権利義務を承継した相続人と同等の地位にあるとし、また、国税通則法 5 条 1 項もこの考え方を前提として、相続があった場合には、相続財産法人は、その被相続人に課されるべき、又は、被相続人が納付し、若しくは徴収されるべき国税を納める義務を承継すると規定していることから、相続財産法人が特別縁故者に土地を引渡したときに、課税すること、すなわち『相続財産法人課税説』が妥当と解される」（八ツ尾・相続財産法人 23 頁以下）という考え方があります。前記判例にあるように、相続財産法人は相続人と同等の地位にあると認められる場合には、同一者間で譲渡される行為は存在しないこととなります。

　　このことから相続財産が相続財産法人となる場合においては、みなし譲渡は発生しない取り扱いになると考えられます（🔍**フォーカス 19. 相続財産法人・包括受遺者（法人）に帰属する場合のみなし譲渡の適用有無**）。

🔍**フォーカス**────────────────────────────

19. 相続財産法人・包括受遺者（法人）に帰属する場合のみなし譲渡の適用有無
相続人は不存在で残余財産が国庫に帰属する場合

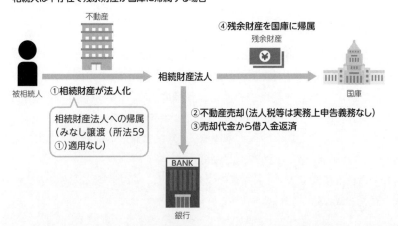

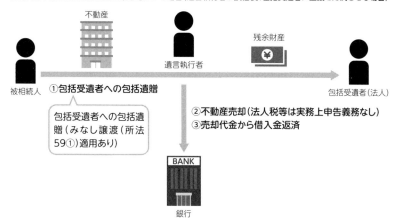

相続人は不存在だが包括受遺者（法人）がいる場合（遺言執行者が換価後、包括受遺者に金銭を帰属させる場合）

不動産

遺言執行者

残余財産

包括受遺者（法人）

被相続人　①包括受遺者への包括遺贈

包括受遺者への包括遺贈（みなし譲渡（所法59①）適用あり）

②不動産売却（法人税等は実務上申告義務なし）
③売却代金から借入金返済

BANK

銀行

（2）相続財産法人による不動産 A の売却に係る課税関係

　不動産 A の売却に係る相続財産法人の法人税等の申告義務について検討します。この申告義務の有無について、「実務上は、①相続財産法人は、相続財産が無主物となることを避けるため、法技術上法人とされたに過ぎないこと、②相続財産法人が相続財産を特別縁故者に分与し、法人税を納付しないで消滅した場合に相続財産管理人又は特別縁故者に法人税の納付に関し、連帯納付義務などの法律上の義務を負わされていないことなどを理由に、法人税の申告義務はないものとして取り扱われているようです」とされています（上西左大信、竹内春美「第 3 版　税理士のための準確定申告とその実務」（税務研究会出版局、2019 年）217 頁以下）。このように、あくまで実務上では相続財産法人が法人税の申告を行うケースはないものと推察されます。

　一方で（1）にかかるみなし譲渡及び（2）の相続財産法人が行う売却にかかる所得について課税すべきという考え方もあり、今後検討が必要な部分となります。

事例 25

不動産の売却代金等が特別縁故者に帰属する場合

　甲が死亡し、相続が発生しました。甲の遺産としては、賃貸用の不動産 X と、A 銀行からの借入金が残っています。なお、甲に相続人はなく、遺言も作成していませんでしたが、甲の長年の友人である乙が晩年の甲の療養看護に努めていました。この場合、次の取り扱いはどのようになりますか。

Q1 乙は、甲の遺産を取得することはできますか。

Q2 A 銀行はどのように甲に対する債権を回収しますか。

Q3 相続財産法人及び特別縁故者に課税関係は生じますか。

回答

A1　甲の療養監護に努めた乙は特別縁故者に該当するので、相続財産清算人が甲の相続財産の清算を行った後、残った相続財産を取得できる可能性があります。

A2　A 銀行は家庭裁判所に対して相続財産清算人の選任を請求し、裁判所が選任した相続財産清算人が不動産 X を換価して、A 銀行に残債務の返済を行います。

A3　甲に課されるべき準確定申告の申告義務は相続財産法人が承継します。また、相続財産法人に係る法人税等の申告については、原則として法人税等の納税義務を負う見解もありますが、実務上は申告義務がないものとして取り扱われております。一方で相続財産法人にかかる所得について課税すべきという考え方もあり、今後検討が必要な部分となります。また、特別縁故者については相続財産の分与を受けた時の時価に相当する金額を当該財産に係る被相続人から遺贈により取得したものとみなして相続税申告を行います。

解説

▉ 乙（特別縁故者）の遺産取得について

　相続人の不存在が確定した場合、相当と認めるときは、家庭裁判所は、被相続人と生計を同じくしていた者、被相続人の療養看護に努めた者その他被相続人と特別の縁故があった者の請求によって、これらの者に、清算後残存すべき相続財産の全部又は一部を与えることができます（特別縁故者制度、民958の2①）。

　これは、遺言があまり行われていない現状を考えると、相続人がいない場合の相続財産を直ちに国庫に帰属させるより、被相続人と特別の縁故があった者に帰属させる方が被相続人の合理的意思に合致し、望ましいという判断に基づくものとされています。また、これにより実質的に、相続権をもたない内縁配偶者や事実上の養子の保護にも資するものとなっています。ただし、特別縁故者への相続財産の付与は、あくまで相続人が不存在の場合に、清算後の残余財産から家庭裁判所の裁量によって財産が分与されるという特別の制度であって、相続による取得ではないという点に注意が必要です。

　特別縁故者とは、被相続人の療養看護に努めた者その他被相続人と特別の縁故があった者とされており、その他の特別の縁故とは、例えば、生活資金や事業資金を援助してきた者がここに含まれるとされています。特別寄与者の制度（民1050）とは異なり、親族であることは必要とされていません。

　特別縁故者は、相続人捜索の公告（新民952②）がなされ、その捜索期間が満了してから3ヶ月以内に、家庭裁判所に分与の請求を行うことが必要です。分与される財産は、清算後残存すべき相続財産であり、これを特別縁故者に全部分与されるか一部分与されるかは裁判所の裁量となります。

▉ 債権回収について

　相続財産清算人が選任されると、相続財産清算人は、すべての相続債権者及び受遺者に対して、2ヶ月以上の一定の期間内にその請求の申出をすべき旨を公告することになります。（新民957①）。上記期間内に、相続債権者や受遺者が判明した場合には、相続財産清算人は、相続財産を換価の上、債権額に応じて弁済をすることになります。ただし、優先権を有する債権者の権利を害することはできません（新民957②、民929、民932）。

　なお、相続債権者は、相続財産の競売や鑑定にも参加することができます（新民957②、民933）。

❸ 相続財産法人及び特別縁故者に係る課税関係について

（1）被相続人に係る所得税の課税関係（準確定申告）

　本事例では、被相続人が不動産賃貸業を営んでいるため、相続開始年の1月1日から相続開始日までの期間について、被相続人に不動産所得が生じています。

　居住者が年の中途において死亡した場合において、その者のその年分の所得税について確定申告書を提出しなければならない場合には、その相続人（包括受遺者を含む（所法2②））は、確定損失申告書（所法125③）を提出する場合を除き、その相続の開始があったことを知った日の翌日から4ヶ月を経過した日の前日までに、税務署長に対し申告書を提出しなければならないとされています（所法125①）。

　本事例のように相続人も包括受遺者もいない場合、民法では、相続人のあることが明らかでないときは、相続財産は、法人とすると規定されています（民951）。この場合、相続財産法人に納税義務が承継されるか問題となります。

　この点について、国税庁質疑応答では、「相続財産法人は、国税通則法第5条第1項《相続による国税の納付義務の承継》の規定に基づき納税義務を承継することとされていますから、所得税法第125条の規定を類推解釈して相続財産法人に対して適用することが合理的であると考えられます」としており、相続財産法人に準確定申告に係る納税義務が生ずることとされています。さらに申告期限について質疑応答では「相続財産法人は、相続の開始があった時に成立することから所得税法第125条に規定する「相続のあったことを知った日」は、相続財産法人が成立した日と考えることもできますが、相続財産法人が確定申告書の提出等を行うためには清算人（改正前「管理人」）が選定されなければ不可能」とし、「相続財産法人が準確定申告書を提出する場合の申告期限は、清算人（改正前「管理人」）が確定した日（裁判所から清算人（改正前「管理人」）に通知された日）の翌日から4ヶ月を経過した日の前日とすることが相当」としています。

　また、相続財産が相続財産法人となる場合において、所得税法第59条に規定するみなし譲渡の適用があるか否かについてはないものとして取り扱われると考えられます（事例24【解説】❸(1)参照）。一方でみなし譲渡にかかる所得について課税すべきという考え方もあり、今後検討が必要な部分となります。

（2）相続財産法人に係る法人税等の課税関係

　相続財産に収益物件がある場合の相続開始後の賃貸不動産に係る課税関係はどのようになるか、また、相続財産清算人が不動産の換価処分を行う場合のキャピタルゲインの精算はどのようになるか検討します。

　賃貸不動産については一定の所得が生じ、さらに不動産を換価処分した場合には、売却益が生ずる可能性があります。これら相続財産法人に係る法人税等の申告義務については、前述（事例24【解説】 **3**(2)参照）の理由から、実務上は申告義務はないものと考えられます。一方で相続財産法人にかかる所得について課税すべきという考え方もあり、今後検討が必要な部分となります。

（3）特別縁故者に係る相続税の課税関係

　民法第958条の2第1項（特別縁故者に対する相続財産の分与）の規定により相続財産の全部又は一部を与えられた場合には、その者が、その時における財産の時価に相当する金額を被相続人から遺贈により取得したものとみなされ相続税の課税が行われます（相法4）。この場合、財産評価は、死亡時の価額ではなく財産分与を受けた時の価額により行います。

　また、相続税の計算において、遺産に係る基礎控除は相続人の数がゼロであるため、3,000万円＋600万円×相続人の数(0)により3,000万円となります（相法15）。さらに相続税額については、特別縁故者が被相続人の一親等の血族(代襲相続人となった孫（直系卑属）を含みます）及び配偶者以外の者であるため、相続税額にその相続税額の2割に相当する金額が加算されます（相法18）。

　相続税の申告期限については、「相続開始があったことを知った日」ではなく「財産分与があったことを知った日」の翌日から10ヶ月となります（相法27、相基通27-4）。なお、本事例において不動産の売却代金等が特別縁故者に帰属する流れは次の（ **参考** 不動産の売却代金等が特別縁故者に帰属する場合）のとおりです。

　仮に本事例外ですが、相続財産法人が不動産を換価せずに係る特別縁故者が相続財産を売却した場合には、取得費はその分与を受けた時に、その時の価額により取得したことになります。そのため売却時の価額が売却時の価額を上回る場合のみ、その差額について特別縁故者に譲渡所得の課税関係が生ずることとなります。

参考 不動産の売却代金等が特別縁故者に帰属する場合

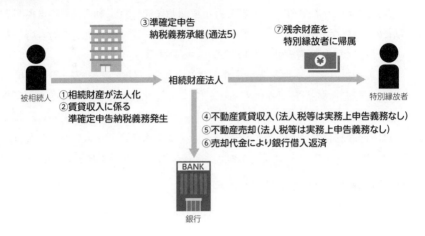

③準確定申告
　納税義務承継（通法5）

⑦残余財産を
　特別縁故者に帰属

被相続人

①相続財産が法人化
②賃貸収入に係る
　準確定申告納税義務発生

相続財産法人

特別縁故者

④不動産賃貸収入（法人税等は実務上申告義務なし）
⑤不動産売却（法人税等は実務上申告義務なし）
⑥売却代金により銀行借入返済

BANK

銀行

🔍**フォーカス**

20. 相続人等が不存在であり引き取り手のない不動産を国庫に帰属させる方法

　相続人がいない者が死亡した際に国が財産を受け取ることが可能となる仕組みとして、死因贈与契約等により被相続人が不動産を国に贈与する方法が考えられます。死因贈与契約を締結することで、国は利害関係人として相続財産清算人の選任申立を行うことが可能となります。

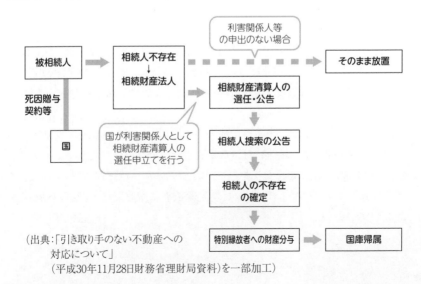

被相続人

死因贈与
契約等

国

相続人不存在
↓
相続財産法人

国が利害関係人として
相続財産清算人の
選任申立てを行う

利害関係人等
の申出のない場合

そのまま放置

相続財産清算人の
選任・公告

相続人捜索の公告

相続人の不存在
の確定

特別縁故者への財産分与

国庫帰属

（出典：「引き取り手のない不動産への
　対応について」
　（平成30年11月28日財務省理財局資料）を一部加工）

第5章

相続開始から
10年を経過した後の遺産分割

事例 26

相続開始から 10 年を経過した後の遺産分割

　甲に相続が発生しました。相続財産は自宅（宅地及び建物、相続税評価額 4,000 万円）及び現預金 2,000 万円の合計 6,000 万円です。相続人は子の乙及び丙となっています。申告期限までに遺産が未分割であったため法定相続分を取得したものとする相続税申告（相続税法第 55 条による申告）が行われています。

　また、甲は相続開始の 8 年前に乙に対して現預金 1,500 万円の贈与（生計の資本としてされたもの）を行っていました。

　なお、乙及び丙は甲と別居でありそれぞれ持ち家があるため、自宅の宅地について小規模宅地等の相続税の課税価格の特例は、適用できません。遺産分割協議は現状で整っていない状況ですが、次の取り扱いはどのようになりますか。

Q1 遺産分割調停の申立てがされた場合（ 相続開始から 10 年を経過していない場合）の遺産分割はどのようになりますか。

Q2 遺産分割調停の申立てがされた場合（ 相続開始から 10 年を経過している場合）の遺産分割はどのようになりますか。

Q3 **Q1** の場合において、遺産分割協議が整った場合、相続税の申告はどのようになりますか。

Q4 **Q2** の場合において、遺産分割協議が整った場合、相続税の申告はどのようになりますか。

▼

回答

A1　乙への 1,500 万円の贈与は特別受益にあたるため、遺産 6,000 万円に乙への贈与 1,500 万円を加えた合計額 7,500 万円を相続財産とみなして相続分を算定し、乙の相続分については贈与分を控除した 2,250 万円となり、丙の相続分は 3,750 万円とすることが可能です（民 903）。

A2　相続開始から 10 年が経過すると特別受益の規定は適用されないため、法定相続分のとおりの遺産分割となります。そのため、乙と丙で遺産の合計 6,000 万円を 3,000 万円ずつ分けることになります。

A3　申告期限において遺産が未分割である場合の期限内申告は民法（民904の2（寄与分）を除く）の規定による相続分により相続税申告をすることとなります。遺産分割により申告に係る相続分に異動がない場合には修正申告及び更正の請求は不要となり異動が生ずる場合には修正申告又は更正の請求を行うことができます。

A4　期限内申告は民法（民904の2（寄与分）を除く）の規定による相続分による相続税申告ですが、10年を経過している場合の遺産分割は法定相続分となります。よって申告に係る相続分に異動がない場合には修正申告及び更正の請求は不要となり異動が生ずる場合には修正申告又は更正の請求を行うことができます。

解説

▊ 相続開始から10年を経過していない場合の遺産分割について

　共同相続人中に、被相続人から、遺贈を受け、又は婚姻若しくは養子縁組のため若しくは生計の資本として贈与を受けた者があるときは、被相続人が相続開始の時において有した財産の価額にその贈与の価額を加えたものを相続財産とみなして、共同相続人の一応の相続分を算定し、さらに、遺贈や贈与を受けた者の相続分は、算定された法定相続分から遺贈又は贈与により取得した金額を控除した金額とされます（民903①）（**参考** 具体的相続分）。このような遺贈又は贈与による受益を特別受益といいます。これは、通常、特別受益は遺産の前渡しに等しいところ、相続人が平等に扱われるべきという趣旨です。ただし、被相続人が、遺産の前渡しとは別にあえて一部の相続人に対して特別の受益を与えたものである場合には、その意思に従うこととなります（民903③）。

　この特別受益には、遺贈の他、婚姻若しくは養子縁組の際の持参金・支度金、住宅資金の贈与等が含まれると考えられています。ただし、贈与が生計の資本となりうるものであっても、親族間の扶養義務の範囲内のものであると評価できる場合には特別受益には含まれません。

参考 具体的相続分（法務省資料P46より）

具体的相続分

　法定相続分・指定相続分を事案ごとに下記の方法で修正して算出する割合

○個々の相続人の具体的相続分

　＝（①みなし相続財産の価額（相続財産の価額＋特別受益の総額−寄与分の総額）×②法定相続分又は指定相続分）−③個々の相続人の特別受益（生前贈与等）の価額＋④個々の相続人の寄与分の価額

○**具体的相続分の割合（具体的相続分率）**

　＝各相続人の具体的相続分の価額の総額を分母とし、各相続人の具体的相続分の価額を分子とする割合

❷ 相続開始から 10 年を経過している場合の遺産分割について

　相続開始から 10 年が経過すると、遺産分割の際に特別受益の主張をすることはできなくなり法定相続分（民法で定められている割合）が基準となります（新民 904 の 3）。このような期間制限は、もともと遺産分割には期間制限がないため、相続開始後、いつまでも遺産分割がされない不動産が増えてしまうことで、誰が所有し、管理しているか分からない不動産が増え、いわゆる所有者不明土地問題が生じてしまっていることに起因し、早期の遺産分割にイニシアティブを与え、遺産分割を促進するために定められました。

　なお、相続開始から 10 年を経過する前に、裁判所に遺産分割の調停・審判の申立てをした場合や、10 年経過前 6 ヶ月以内に調停・審判を申し立てることができないやむを得ない事由がある場合で、その事由が消滅してから 6 ヶ月以内に家庭裁判所に遺産分割の調停・審判の申立てをした場合は除外されます。（法務基礎編第 5 章 Q1、Q2）

　また改正民法は、施行日から 5 年間は施行が猶予されますので（改正法附則 3）、その間であれば、相続開始から 10 年を経過した後でも特別受益の主張をすることができます（法務基礎編第 5 章 Q4）。

❸ ❶における相続税の修正申告等について

　相続開始から 10 年を経過していない場合の遺産分割は、特別受益・寄与分を考慮した具体的相続分による遺産分割により相続が確定します。申告期限までに遺産が未分割である場合の相続税の期限内申告は、相続税法第 55 条により各共同相続人又は包括受遺者が民法（民 904 の 2（寄与分）を除く）の規定による相続分又は包括遺贈の割合に従って当該財産を取得したものとしてその課税価格を計算するものとされております。さらに相続税基本通達において「民法（第 904 条

の2（寄与分）を除く）の規定による相続分」とは、民法第900条から第902条まで及び第903条に規定する相続分とされており、法定相続分に特別受益を踏まえた形で各相続人の課税価格を計算することとなります（相基通55-1）。

　この特別受益がある場合は、被相続人が相続開始の時において有した財産の価額にその贈与の価額を加えたものを相続財産とみなし、相続分の中からその遺贈又は贈与の価額を控除した残額をもってその者の相続分とします。ただし寄与分については反映せずに計算します。実際の遺産分割は、特別受益・寄与分を考慮した具体的相続分（ **参考** **具体的相続分**）に基づき計算されるため、申告に係る相続分に異動がない場合には修正申告及び更正の請求は不要となり異動が生ずる場合には修正申告又は更正の請求を行うことができます。

❹ ❷における相続税の修正申告等について

　相続開始から10年を経過している場合の遺産分割は、特別受益・寄与分を考慮しない法定相続分による遺産分割により相続が確定します。申告期限までに遺産が未分割である場合の相続税の期限内申告は、「民法（民904の2（寄与分）を除く）の規定による相続分」すなわち特別受益（寄与分を除く）を踏まえた相続分により各相続人の課税価格を計算しますので、特別受益を踏まえて課税価格を計算した場合は、異動が生ずることとなるため修正申告又は更正の請求を行うことができます。一方で特別受益を踏まえず課税価格が計算されていた場合には、申告に係る課税価格と実際の遺産分割に係る課税価格がいずれも法定相続分となり課税価格に異動は生じないため修正申告又は更正の請求は不要となります。

🔍フォーカス

21. 寄与分はどのように計算されるのか

　寄与分とは、共同相続人中に、被相続人の事業に関する労務の提供又は財産上の給付、被相続人の療養看護その他の方法により被相続人の財産の維持又は増加について特別の寄与をした者があるときに、この特別の寄与を考慮し、この者に対して特別に相続財産の一部を与える制度をいいます（民904の2①）。

　寄与の方法については、被相続人の事業に関する労務の提供又は財産上の給付、被相続人の療養看護その他の方法とされていますが、被相続人との身分関係に基づいて通常期待される程度の寄与では足りず、それを超える「特別の寄与」であることを要するので、寄与行為に対して対価や補償を受けている場合はこれ

にあたらないとされます。また、特別の寄与は、「被相続人の財産の維持又は増加」についてなされていなければならないため、被相続人の看護療養に努めた場合であっても、財産の維持又は増加に影響がなければ、寄与分は発生しません。

　寄与分の金額は、基本的には、共同相続人間の協議でその金額を定めることになりますが、協議が整わない場合又は協議をすることができない場合には、家庭裁判所が、寄与の時期・方法・程度・相続財産の額その他一切の事情を斟酌して、寄与分を定めることとなります（民 904 の 2 ①、民 904 の 2 ②）

　なお、寄与分の請求は、相続開始から 10 年を経過した後に行う遺産分割においては適用がないため、相続開始から 10 年以内に行う必要があります（民 904 の 3）。

第6章

所有者不明土地税制関係等

事例 27

所有者不明土地の利用の円滑化等に関する特別措置法に基づく土地等の譲渡があった場合

　甲社は、優良住宅地の造成等を計画し予定地一帯の買収に着手しましたが、その中に所有者不明の土地が存在したため、甲社は裁判所に所有者不明土地につき、管理命令及び管理人の選任の申立てを行い、X宅地の買取りを計画しました。

Q1 甲社の申立ては認められますか。

Q2 計画内の土地に相続人の全員が相続放棄した土地は、所有者不明土地に該当し買取りの申立ては認められますか。

Q3 これらの買取りに際し宅地を譲渡する地権者に適用される税制上の優遇措置はありますか。

▼

回答

A1　甲がX宅地を取得することにより適切な管理を行うことを計画していること等を示し、X宅地の利害関係人にあたることを証明できれば、所有者不明土地管理命令の発令と管理人の選任申立てが認められる余地があります。ただし、X宅地の売買については、管理人の権限のみでは行うことができず、裁判所の許可が必要です。

A2　所有者不明土地法に規定する「所有者不明土地」に該当し買取りの申立ては認められます。

A3　所有者不明土地の利用の円滑化等に関する特別措置法に基づく一定の地域福利増進事業に係る土地等の譲渡を行う場合において、その譲渡者が特定所有者不明土地（所有者不明土地の利用の円滑化等に関する特別措置法第10条第2項第5号に規定する特定所有者不明土地をいう。以下同じ）の共有者、または、その特定所有者不明土地の隣地等の所有者に該当するときは、その譲渡者の譲渡所得に係る所得税等の計算について一定の軽減税率が適用されます。

解説
---

1 所有者不明土地管理制度

　所有者を知ることができず、又は所有者の所在を知ることができない土地について、裁判所は、必要があると認めるときは、利害関係人の請求により、所有者不明土地管理人を選任し、管理命令を発することができます（新民 264 の 2 ①）（法務基礎編第 6 章 Q1）。

　ここでいう「利害関係人」とは、所有者不明土地を適切に管理するという制度創設の趣旨からすると、一般論としては、その土地が適切に管理されないために不利益を被るおそれがある隣接地所有者や、その土地を取得してより適切な管理をしようとする公共事業の実施者や民間の買受希望者がこれにあたると考えられています。ただし、民間の買受希望者が常に該当するとは限らず、その希望の強弱や購入の際の代金の支払能力等の様々な要素を踏まえ、個々の事案での判断になると思われます。そのため、甲は、申立てに際して、購入の具体的な計画や資金の準備状況、住宅地造成による適切な管理計画等を明らかにする必要があると考えられます。

2 相続人全員が放棄した土地

　所有者と思料される者のすべてが相続放棄をしていることが確定している土地については、民法上、相続財産法人の所有となります。相続財産法人について、相続財産清算人が選任されていない場合には、連絡がつかないことから、所有者不明土地法に規定する「所有者不明土地」に該当するものと考えられます（国土交通省不動産・建設経済局「所有者不明土地の利用の円滑化等に関する特別措置法 QA」（令和 3 年 4 月）1 頁）。

3 税制上の優遇措置について

　個人が令和 7 年 12 月 31 日までの間に、その年 1 月 1 日において所有期間が 5 年を超えるものの土地等の譲渡をし、その譲渡が所有者不明土地の利用の円滑化等に関する特別措置法第 13 条第 1 項の規定により行われた裁定に係る裁定申請書に記載された地域福利増進事業を行う事業者に対するものである場合において、その譲渡者が特定所有者不明土地の共所有者、または、その特定所有者不明土地の隣地等の所有者である場合は、次の(1)及び(2)に掲げる譲渡所得金額の区分に応じ、次に掲げる税率に軽減がされます（措法 31 の 2 ②八の二）。

　(1)課税譲渡所得 2,000 万円以下の部分　　10％分離課税（その他住民税 4％）

　(2)課税譲渡所得 2,000 万円超の部分　　　15％分離課税（その他住民税 5％）

　なお、所有者不明土地の利用の円滑化等に関する特別措置法第 13 条第 1 項の規定により行われた地域福利増進事業とは、次に掲げる事業を指します。

1　道路法による道路、駐車場法による路外駐車場その他一般交通の用に供する施設の整備に関する事業

2　学校教育法による学校又はこれに準ずるその他の教育のための施設の整備に関する事業

3　社会教育法による公民館又は図書館法による図書館の整備に関する事業

4　社会福祉法による社会福祉事業の用に供する施設の整備に関する事業

5　病院、療養所、診療所又は助産所の整備に関する事業

6　公園、緑地、広場又は運動場の整備に関する事業

7　住宅（被災者の居住の用に供するものに限る）の整備に関する事業であって、災害（発生した日から起算して三年を経過していないものに限る。次号イにおいて同じ）に際し災害救助法が適用された同法第 2 条第 1 項に規定する災害発生市町村の区域内において行われるもの

8　購買施設、教養文化施設その他の施設で地域住民その他の者の共同の福祉又は利便の増進に資するものとして政令で定めるものの整備に関する事業であって、次に掲げる区域内において行われるもの

　イ　災害に際し災害救助法が適用された同法第 2 条第 1 項に規定する災害発生市町村の区域

　ロ　その周辺の地域において当該施設と同種の施設が著しく不足している区域

9　上記に掲げる事業のほか、土地収用法第 3 条各号に掲げるもののうち地域住民その他の者の共同の福祉又は利便の増進に資するものとして政令で定めるものの整備に関する事業

10　1 〜 9 に掲げる事業のために欠くことができない通路、材料置場その他の施設の整備に関する事業

事例 28

低未利用土地等を譲渡した場合の長期譲渡所得の特別控除

　甲は数十年間、耕作放棄地として所有していた土地Aをこのたび第三者に売却することとなりました。なお、土地Aは都市計画区域内にあり売却後はドッグランを併設したカフェとして利活用される予定です。

Q1 土地Aの譲渡について税務上の優遇措置はありますか。

Q2 **Q1** の税務上の優遇措置を受けるために必要な手続きは何ですか。

<譲渡前>　　　　　　　　　　　　　　　<譲渡後>
耕作放棄地　　　　　　　　　　　　　　ドッグランを併設したカフェ

出典（令和4年7月25日 国交省不動産・建設経済局資料　7頁を参考にイラスト化）

回答

A1　　一定の要件を満たす場合には、低未利用土地等を譲渡した場合の長期譲渡所得の100万円の特別控除の適用があります。

A2　　確定申告書にA土地の所在地の市区町村長の一定の事項を確認した旨及び一定の事項を記載した書類を添付する必要があります。

解説

１　低未利用土地等を譲渡した場合の長期譲渡所得の特別控除の適用について

　個人が、都市計画区域内にある低未利用土地等で、その年1月1日において所有期間が5年を超えるものの譲渡を令和2年7月1日から令和7年12月31日

までの間にした場合において次の(1)～(5)の要件を満たす場合には、その譲渡をした低未利用土地等の全部又は一部につき長期譲渡所得の金額から 100 万円の特別控除が受けられます (措法 35 の 3 ①～措法 35 の 3 ③)。

　この低未利用土地等とは、譲渡前において居住の用、業務の用その他の用途に供されておらず、又はその利用の程度がその周辺の地域における同一の用途若しくはこれに類する用途に供されている土地の利用の程度に比し著しく劣っていると認められる土地となります (土地基 13 ④)。

　具体的には、空地・空き家 (以下、空地等という) であることについて、空地等の所在地の市区町村の確認を受けたものが該当します。

(1)売手と買手が、親子や夫婦など特別な関係でないこと (特別な関係には、生計を一にする親族、内縁関係にある人、特殊な関係のある法人なども含まれる)。

(2)売った金額が、低未利用土地等の上にある建物等の対価を含めて 500 万円以下 (次のイ又はロに掲げる区域内にある場合には 800 万円以下)。

　　イ　市街化区域又は区域区分に関する都市計画が定められていない都市計画区域 (用途地域が定められている区域に限る)

　　ロ　所有者不明土地の利用の円滑化等に関する特別措置法に規定する所有者不明土地対策計画を作成した市町村の区域

(3)売った後に、その低未利用土地等の利用(コインパーキングを除く)がされること。

(4)この特例の適用を受けようとする低未利用土地等と一筆であった土地から前年または前々年に分筆された土地またはその土地の上に存する権利について、前年または前々年にこの特例の適用を受けていないこと。

(5)収用等、交換処分等、換地処分等に伴い代替資産を取得した場合の課税の特例 (措法 33、措法 33 の 2、措法 33 の 3)、特定の居住用財産の買換えの場合の長期譲渡所得の課税の特例 (措法 36 の 2)、特定の居住用財産を交換した場合の長期譲渡所得の課税の特例 (措法 36 の 5)、特定の事業用資産の買換えの場合の譲渡所得の課税の特例 (措法 37)、特定の事業用資産を交換した場合の譲渡所得の課税の特例 (措法 37 の 4) 又は特定普通財産とその隣接する土地等の交換の場合の譲渡所得の課税の特例 (措法 37 の 8) の規定の適用を受けていないこと。

❷ ❶の適用を受けるために必要な手続き

　低未利用土地等を譲渡した場合の長期譲渡所得の特別控除の適用を受けるためには、所得税の確定申告書に次の(1)～(2)の書類等を添付する必要があります（措法35の3④、措規18の3の2）。

(1)譲渡をした土地等の所在地の市町村長又は特別区の区長のイからニまでに掲げる事項を確認した旨並びにホ及びへに掲げる事項を記載した書類

　イ　土地等が都市計画区域内にあること。

　ロ　土地等が、譲渡の時において低未利用土地等に該当するものであること。

　ハ　当該土地等が、当該譲渡の後に利用されていること又は利用される見込みであること。

　ニ　当該土地等の所有期間が5年を超えるものであること。

　ホ　当該土地等と一筆であった土地からその年の前年又は前々年に分筆された土地等の有無

　ヘ　ホに規定する分筆された土地等がある場合には、当該土地等につきこの号に掲げる書類の当該譲渡をした者への交付の有無

(2)譲渡をした低未利用土地等に係る売買契約書の写しその他の書類で、当該低未利用土地等の譲渡の対価の額が500万円以下（❶(2)イ又はロに該当する場合には800万円以下）であることを明らかにするもの

(1)ロの市区町村等の低未利用地等確認書の交付及び(1)ハの譲渡後の利用確認に必要な書類は次のとおりです（国土交通省ホームページより）。

　◆低未利用土地等であることの確認

　1.　別記様式(1)-1　低未利用土地等確認申請書

　2.　売買契約書の写し

　3.　以下のいずれかの書類

　　(1)空地・空き家バンクへの登録が確認できる書類

　　(2)宅地建物取引業者が、現況更地・空き家・空き店舗である旨を表示した広告

　　(3)電気、水道またはガスの使用中止日が確認できる書類（電気、水道又はガスの使用中止日が売買契約よりも1ヶ月以上前であることを確認する）

　　(4)上記(1)から(3)が用意できない場合　別記様式(1)-2

◆譲渡後の利用についての確認

以下のいずれかの書類

(1)別記様式(2)−1(宅地建物取引業者の仲介により譲渡した場合) 低未利用土地等の譲渡後の利用について

(2)別記様式(2)−2(宅地建物取引業者を介さず相対取引にて譲渡した場合) 低未利用土地等の譲渡後の利用について

上記(1)及び(2)が提出できない場合のみ(3)

(3)別記様式(3)(宅地建物取引業者が譲渡後の利用について確認した場合) 低未利用土地等の譲渡後の利用について

別記様式については国土交通省ホームページ（https://www.mlit.go.jp/totikensangyo/totikensangyo_tk5_000074.html）にあります。

参考 **低未利用土地等及び譲渡後の利用の例示**

（出典：国交省不動産・建設経済局資料「低未利用土地の利活用促進に向けた長期譲渡所得100万円控除制度の利用状況について」（令和4年7月25日）4頁を参考に加工・作成）

【低未利用土地の適切な利用・管理を促進するための特例措置適用事例（Y県T市）】

○3人の地権者が所有する**低額の狭小地2つと、共有の私道**について、単体の売却を行った場合は、将来住宅を建てる際に接道要件※を満たさず、建築確認を受けることが出来ない可能性があった。

○**本特例措置により売却後に手元に残る額が増えたこともあって、売却のインセンティブとなり、宅地建物業者のコーディネートにより、纏まった**事業用地として一括譲渡**された。**

※建築基準法第43条において、建築物の敷地は、道路に2m以上接しなければならないとされている。

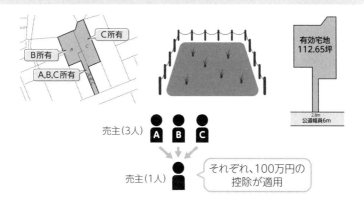

<物件概要>　物件状況：更地　売却額：約400万円、約200万円　敷地面積：437㎡
<立地>　T駅：600m　スーパー：200m

C所有
B所有
A,B,C所有

有効宅地
112.65坪

2.8m
公道幅員6m

売主(3人)　A B C

売主(1人)

それぞれ、100万円の
控除が適用

○**F県K市**に住む所有者が、両親の住んでいた**Y県T市**の**空き家を解体**して売却し、新たに住宅用地として譲渡。
○空き家について、所有者が管理のために定期的に現地を訪問するなど、交通費や宿泊費等の負担があったものの、本特例により、13万円ほど税負担が軽減され、解体後売却することができた。

<物件概要>　物件状況：空き家　売却額：300万円(解体後)　敷地面積：115㎡
<立地>　T駅：1.6km　コンビニ：300m

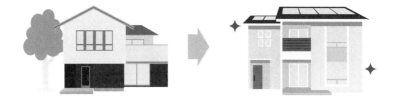

事例 29

相続登記の登録免許税の免税

Q1 甲は被相続人乙から相続により取得した不動産Aについて相続登記をしないまま相続が発生しました。不動産Aを甲の登記名義人とするための相続登記について、登録免許税はどのように計算されますか。

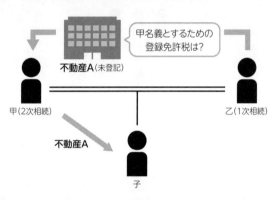

Q2 丙 は被相続人丁から少額の土地（登録免許税の課税標準となる不動産の価額が100万円以下）を相続により取得しました。この場合、丙を登記名義人とするための相続登記について、登録免許税はどのように計算されますか。

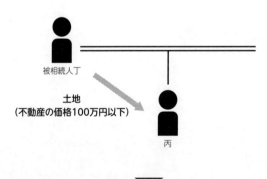

回答

A1　甲が相続登記をする前に死亡した場合、甲を登記名義人とするための登録
免許税は免除されます。

A2　登録免許税の課税標準となる不動産の価額が 100 万円以下の場合には、
丙を登記名義人とするための登録免許税は免除されます。

解説

１ 相続人等が相続登記をする前に死亡した場合

　個人が相続（相続人に対する遺贈を含む）により土地の所有権を取得した場合
において、その個人が所有権の移転の登記を受ける前に死亡したときは、令和7
年3月31日までの間に当該個人を当該土地の所有権の登記名義人とするために
受ける登記については、登録免許税を課さないこととされています（措法 84 の 2
の 3 ①）。

２ 少額の土地を相続により取得した場合

　個人が令和7年3月31日までの間に、土地について所有権の保存の登記（不
動産登記法第2条第10号に規定する表題部所有者の相続人が受けるものに限る）
又は相続による所有権の移転の登記を受ける場合において、これらの登記に係る
登録免許税の課税標準である不動産の価額が 100 万円以下であるときは、その
登記については、登録免許税を課さないこととされています（措法 84 の 2 の 3 ②）。

事例 30

登記簿上の所有者が死亡し相続登記がされるまでの間における固定資産税の課税

被相続人甲は数年前に死亡しましたが、その相続人は丙、丁及び戊の3名となっています。

甲には、甲と丙で共に居住していた不動産Aを所有していましたが、甲は遺言書を書いていなかったため、不動産Aの相続については丙、丁及び戊の3名により遺産分割協議を行う必要があります。

ただ相続人である丁及び戊の所在が不明であるため遺産分割協議が成立していません。甲の相続後も丙は不動産Aに居住し続けている状態であり、丙は甲の生前から引続き住所を不動産Aの所在地として住民登録しています。

この場合、不動産Aに係る固定資産税は誰が負担することとなりますか。

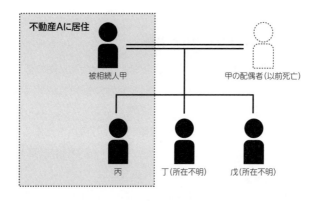

回答

原則として被相続人甲に係る固定資産税は、法定相続人である丙、丁及び戊が連帯して納税義務を行うこととなります。

一方で市町村は、相続登記がされるまでの間、住所の判明している現所有者（通常は相続人）に対し、氏名・住所等必要な事項を申告させることができます。仮に丙が現所有者代表として申告を行った場合には丙に市町村等から固定資産税の納税の告知がされると考えられます。

解説

　被相続人が死亡し、被相続人の所有する不動産等について遺産分割協議が成立していない場合には、当該不動産は相続人が共有している状態となります（民898）。そのため共有状態である不動産に係る固定資産税については、地方税法の規定により、原則として不動産の共有者である法定相続人が納税の義務を負うこととなります（地法10の2）。

　一方で登記簿上の所有者が死亡しており、新たな相続登記が行われない場合には、これまで課税庁は、「現に所有している者」（通常は相続人）の把握のため、法定相続人全員の戸籍の請求など、調査事務に多大な時間と労力を割いてきました。そのため納税義務者特定の迅速化・適正化のため、独自に、死亡届の提出者等に対し「現に所有している者」の申告を求めている団体も多く、その実効性を高めるため、申告の制度化を求める声があがっていました（総務省HP「所有者不明土地等に係る固定資産税の課題への対応」より）。

　これらの背景により令和2年度税制改正では、登記簿上の所有者が死亡し、相続登記がされるまでの間における現所有者（相続人等）に対し、市町村等の条例で定めるところにより、現所有者であることを知った日の翌日から3ヶ月を経過した日以後の日までに、現所有者の住所及び氏名又は名称その他固定資産税の賦課徴収に関し必要な事項を申告させることができることとされました（令和2年4月1日以後の条例の施行の日以後に現所有者であることを知った者について適用（地法改正法附則14⑥））（地法384の3）（ **参考** 「**現に所有している者の申告の制度化**」**参照**）。なお申告の際には現所有者の中から「現所有者代表者」を選んで申告する形となり、その後この「現所有者代表者」に固定資産税の通知が行われることとなります。

　当該申告により市町村等は現所有者を把握することができるため、申告者に固定資産税の納税の告知が行われるものと考えられます。

　また申告すべき事項について虚偽の申告をした者は、1年以下の懲役又は50万円以下の罰金に処することとされ（地法385）、市町村は申告すべき事項について正当な事由がなくて申告をしなかった者に対し、条例で10万円以下の過料を科する旨の規定を設けることができるとされました（地法386）。

参考　現に所有している者の申告の制度化

（財務省「令和 2 年度税制改正の解説（地方税法等の改正）」1245 頁を一部加工）

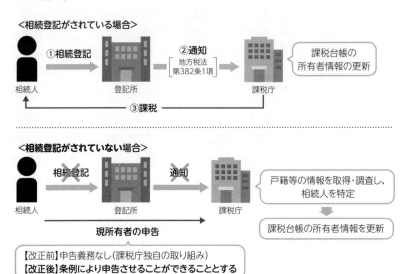

＜相続登記がされている場合＞

相続人　①相続登記　登記所　②通知［地方税法第382条1項］　課税庁　課税台帳の所有者情報の更新

③課税

＜相続登記がされていない場合＞

相続人　相続登記　登記所　通知　課税庁　戸籍等の情報を取得・調査し、相続人を特定　課税台帳の所有者情報を更新

現所有者の申告

【改正前】申告義務なし(課税庁独自の取り組み)
【改正後】条例により申告させることができることとする

事例 31

所有者が不明である場合の固定資産税の課税

　被相続人甲は数年前に死亡しましたが、甲の相続人は全員相続を放棄しました。甲は生前中、その所有する不動産Aを第三者の乙（住所を不動産Aの所在地として住民登録あり）に賃貸していました。

　甲の相続後、乙は賃料を支払わず不動産Aに引続き居住しています。

　この場合、不動産Aに係る固定資産税は誰が支払うこととなりますか。

　なお、相続財産清算人は選任されていません。

回答

　市町村等は事前に使用者に対して通知した上で、使用者を所有者とみなして固定資産課税台帳に登録し、固定資産税を課することとされます。

解説

　固定資産を使用している者がいるにもかかわらず、登記名義人が死亡しその後相続人が不存在である場合等によって、調査（**参考** 国土交通省、所有者の所在の把握が難しい土地に関する探索・利活用のためのガイドライン第3版（令和元年12月公表）〜所有者不明土地探索・利活用ガイドライン〜参照）を尽くしても所有者が一人も特定できないケースや、使用者からも調査に協力を得られない等、所有者特定に支障があるケースがあります（**参考** 総務省ホームページ「所有者不明土地等に係る固定資産税の課題への対応」所有者が不存在・特定できないため課税できないケース（例）より）。

　こうしたケースについては、誰にも課税できず、課税の公平性の観点から問題となっていました（総務省HP「所有者不明土地等に係る固定資産税の課題への対応」より）。

　また法律上、震災等の事由によって所有者が不明の場合に使用者を所有者とみなして固定資産税を課税できる規定（地法343④）がありましたが、その適用は、災害の場合に限定されていました。

　そのため、令和2年度税制改正において、市町村等が、相当な努力が払われ

たと認められる方法により探索を行ってもなお固定資産の所有者の存在が不明である場合には、その使用者を所有者とみなして、これを固定資産課税台帳に登録し、その者に固定資産税を課することができるとされました（地法 343 ⑤）。なお、この場合において、市町村等は、あらかじめ、その旨を当該使用者に通知しなければなりません（ 参考 「**使用者を所有者とみなす規定の流れ**」参照）。この使用者を所有者とみなす規定は、令和 3 年度分以後の固定資産税について適用することとされました（地法改正法附則 14 ③）。

参考 国土交通省、 所有者の所在の把握が難しい土地に関する探索・ 利活用のためのガイドライン第 3 版（令和元年 12 月公表）～所有者不明土地探索・利活用ガイドライン～

当該ガイドライン (https://www.mlit.go.jp/totikensangyo/content/001328670.pdf) は、所有者の所在の把握が難しい土地について、所有者の探索方法と所有者を把握できない場合に活用できる制度、解決事例等を整理した市区町村等の職員向けのガイドラインとなります。

所有者情報の一般的な調査方法

①　まず調査対象となる土地に関する登記記録に記録された土地の所有権の登記名義人又は表題部所有者（以下「所有権登記名義人等」という）を把握します。

②　次に、その所有権登記名義人等について住民票の写し又は住民票記載事項証明書（以下「住民票の写し等」という）を入手して、当該所有権登記名義人等の生存及び現在の住所を公簿上で確認します）。

③　ここまでの調査で、公簿上の所有権登記名義人等の生存と現在の住所が判明した場合には、居住確認を経て所有者※を特定します。

④　所有権登記名義人等が転出又は死亡しているため、住民票が削除されていて、住民票の写し等が交付されない場合には、住民票の除票の写し又は除票記載事項証明書（以下「住民票の除票の写し等」という）を入手することにより、その状況を把握します。

⑤　④により所有権登記名義人等の転出が判明した場合には、転出先の市区町村から住民票の写し等を入手します。さらに転出している場合には、④・⑤の手順を繰り返します。

⑥　⑤において転出先が判明しなかった場合には、戸籍の表示のある住民票の除票の写し等を入手して本籍地を把握し、次にこの本籍地の市区町村から戸籍の附票の写しを入手します。

⑦　④～⑥の調査により所有権登記名義人等の現在の住所が公簿上で確認できた場合には、居住確認を経て所有者を特定します。

⑧　④により所有権登記名義人等が死亡していることが判明した場合には、戸籍の表示のある住民票の除票の写しを入手して本籍地を把握し、戸籍の調査により所有権登記名義人等の法定相続人を探索します。法定相続人を特定した上で、当該法定相続の戸籍の附票の写しを入手します。

⑨　⑧の調査により法定相続人の現在の住所が公簿上で確認できた場合には、居住確認等を経て所有者を特定します。

⑩　登記記録に記録された所有権登記名義人等の住所に住民票及び住民票の除票が存在しない場合や戸籍の附票の写しが入手できない場合、当該所有権登記名義人等や法定相続人が④～⑥又は⑧の調査により判明した住所に居住していない場合は、聞き取り調査などの調査を行います。利用できる所有者情報が少ない場合は、聞き取り調査を中心に行うこともあります。

⑪　書面上の所有者や法定相続人の氏名と住所が判明した場合には、居住確認を行い、土地所有者を特定します。

※「所有者」は真実所有権のある者のこと。相続その他一般承継があったときは、相続人・その他一般承継人が所有者となる。所有実態が登記記録に反映されている場合は、所有権登記名義人等と所有者が同一となる。なお、本ガイドライン中、強調のため「現在の所有者」等と記載することもあるが、特に断りのない限り意味は変わらない。

参考　総務省ホームページ「所有者不明土地等に係る固定資産税の課題への対応」　所有者が不存在・特定できないため課税できないケース（例）より

（https://www.soumu.go.jp/main_sosiki/jichi_zeisei/czaisei/144643_02.html）

【参考】所有者が不存在・特定できないため課税できないケース（例）

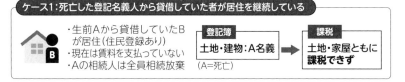

ケース1：死亡した登記名義人から貸借していた者が居住を継続している

・生前Aから貸借していたBが居住（住民登録あり）
・現在は賃料を支払っていない
・Aの相続人は全員相続放棄

登記簿　土地・建物：A名義（A＝死亡）→課税　土地・家屋ともに課税できず

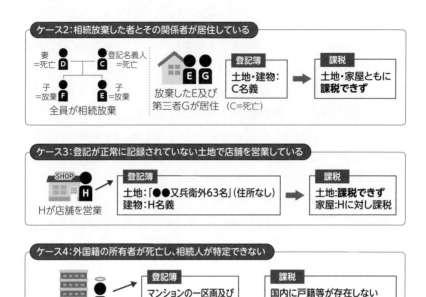

参考　使用者を所有者とみなす規定の流れ

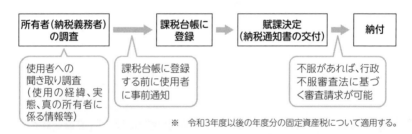

※　令和3年度以後の年度分の固定資産税について適用する。

（出典：財務省「令和2年度税制改正の解説（地方税法等の改正）」1247頁を一部加工）

事例 32

共有者のうち1名が固定資産税を支払わない場合

　甲、乙及び丙が各1/3を共有で所有する不動産Aがあります。不動産Aに係る固定資産税については、不動産Aに居住している甲（共有代表者）宛に納税通知がありますが、甲がその固定資産税を支払わず滞納となっています。

　この滞納された固定資産税は誰が支払うこととなりますか。

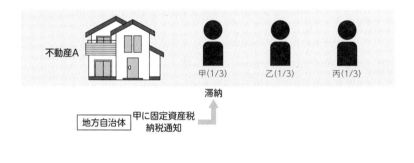

回答

　原則として共有者が連帯して納付する義務を負うこととなります。そのため納税通知の告知を受ける甲が納税を履行できない場合、市町村等は他の連帯納税義務者である乙及び丙に対して、滞納処分を行うことを前提に、納税の告知を行うこととなります。

解説

　地方税法では連帯納税義務の規定により共有資産を共有者の持分に応じて按分し、課税することはできないため、地方自治体は原則として、連帯納税義務者のうち1名を共有代表者とし、その者に対して納税の告知を行っています。この共有代表者の選定については、各自治体の取り決めによりますが概ね「持分の多い者」「登記簿に記載されている順序が早い者」「不動産の所在する自治体に住んでいる者」等を基準にしているようです（**フォーカス 22.共有名義の不動産に係る固定資産税納税通知書は誰宛に送付されるか**）。

　一般的には当該納税の告知により共有代表者が固定資産税の全額を納め、その後、固定資産の持分に応じ共有者間で精算が行われます。

　一方で本事例のように共有代表者によって固定資産税の納税が履行されない場合、どのような取り扱いとなるか検討します。

　地方税法では、共有物、共同使用物、及び共同事業により生じた物件又は共同行為に対する地方団体の徴収金は、納税者が連帯して納付する義務を負うとされております（地法 10 の 2）。そのため当初告知を受けた共有代表者が納税を履行できない場合、他の共有者と連帯して固定資産税の納税義務を負うこととなります。

　具体的には共有代表者の収入・支出状況、資産保有状況等から地方自治体が徴収可能か判断を行い、徴収が困難と認められる場合には、他の連帯納税義務者に対して、滞納処分を行うことを前提に、納税の告知を行うこととなります。その結果、固定資産税の納税が共有代表者以外の共有者により行われた場合、共有者全員に係る納税義務は消滅します。

　また共有代表者は、固定資産税・都市計画税納税通知書名宛人（筆頭者）変更届（東京都様式参照）を提出することが可能ですが、共有者全員の署名が必要となります（ **参考** 「**固定資産税・都市計画税納税通知書名宛人（筆頭者）変更届**」参照）。

参考 固定資産税・都市計画税納税通知書名宛人（筆頭者）変更届

（東京都主税局ホームページより）

（https://www.tax.metro.tokyo.lg.jp/shomei/09-a.pdf）

別記様式2（表）

<table>
<tr><td colspan="5" align="center">固定資産税・都市計画税納税通知書名宛人（筆頭者）変更届</td></tr>
<tr><td colspan="5">　　　　　　　　　　　　　　　　　　　　　　　　　　　年　　　月　　　日
東京都　　　　　都税事務所長　あて

　固定資産税・都市計画税の納税通知書名宛人（筆頭者）につきまして、共有者全員の署名をもって変更届を申請します。</td></tr>
<tr><td>年　度</td><td>納 税 通 知 書 番 号</td><td>種　類</td><td>資　産　の　所　在　地</td><td>地 積 又 は 床 面 積</td></tr>
<tr><td></td><td></td><td></td><td></td><td>㎡</td></tr>
<tr><td></td><td></td><td></td><td></td><td>㎡</td></tr>
<tr><td></td><td></td><td></td><td></td><td>㎡</td></tr>
<tr><td></td><td></td><td></td><td></td><td>㎡</td></tr>
<tr><td rowspan="4">新
筆
頭
者</td><td colspan="4">住　　所
〒　　　　－

</td></tr>
<tr><td colspan="4">　　電話番号　　　　　　　　（　　　　　　　）</td></tr>
<tr><td colspan="4">（フリガナ）
<u>氏名又は名称</u>　　　　　　　　　　　　　　　　　　㊞</td></tr>
<tr><td rowspan="4">旧
筆
頭
者</td><td colspan="4">住　　所
〒　　　　－

</td></tr>
<tr><td colspan="4">　　電話番号　　　　　　　　（　　　　　　　）</td></tr>
<tr><td colspan="4">（フリガナ）
<u>氏名又は名称</u>　　　　　　　　　　　　　　　　　　㊞</td></tr>
</table>

（日本産業規格A列4番）

備考　共有者全員の署名につきましては、裏面に記載してください。

処 理 欄	登記入力	共有者入力	宛名入力	

別記様式2（裏）

No.	住　　　　所 氏　　　　名	No.	住　　　　所 氏　　　　名
1	⑭	15	⑭
2	⑭	16	⑭
3	⑭	17	⑭
4	⑭	18	⑭
5	⑭	19	⑭
6	⑭	20	⑭
7	⑭	21	⑭
8	⑭	22	⑭
9	⑭	23	⑭
10	⑭	24	⑭
11	⑭	25	⑭
12	⑭	26	⑭
13	⑭	27	⑭
14	⑭	28	⑭

🔍フォーカス

22. 共有名義の不動産に係る固定資産税納税通知書は誰宛に送付されるか

（東京都主税局　固定資産税　都市計画税　課税事務提要
「令和3年11月24日　3主資固第220号　各都税税事務所あて　主税局長通達」より）

　土地・家屋（補充）課税台帳に記載される筆頭者に固定資産税等の納税通知書が送付されます。台帳の筆頭者へ納税通知書を送付することの根拠は、法律等では規定がされておらずあくまでも東京都独自の取り扱いで、台帳の筆頭者へ送るようにしているそうです（東京都主税局資産税部固定資産税課への取材より）。この筆頭者は東京都23区では「土地又は家屋の所有権が共有の場合には、持分の多少に関係なく、登記済通知書によって通知される最初の人をもって筆頭者とし、所有者名を『筆頭者外何名』と表示する。」とされています。なお、固定資産税・都市計画税納税通知書名宛人（筆頭者）変更届（ 参考 　「**固定資産税・都市計画税納税通知書名宛人（筆頭者）変更届**」参照）が提出された場合は、その変更された者に通知がされます。

　この登記済通知書によって通知される最初の人は、どのように決まるかについて、「登記済通知書は登記簿のデータをそのまま使用しているので、登記簿の記載の順ということになります。ひいては、登記簿の記載は、登記申請の際に本人または司法書士が提出した申請書通りに反映されるので（法務局で登記名義人の順番を入れ替えることはありません）申請時点で記載の順番も決まる」とのことです（東京法務局不動産登記部門への取材より）。

　よって東京23区では、司法書士等が登記する申請書の一番上に記載された者が、筆頭者となり、その者に固定資産税等の納税通知書が通知されるということになります。

■弁護士　遠藤　常二郎（えんどう　つねじろう）

【略歴】

昭和 31 年 12 月 1 日生まれ、中央大学法学部法律学科卒業。昭和 62 年 4 月東京弁護士会登録、平成 2 年 4 月遠藤法律事務所を開設し現在に至る。東京弁護士会において常議員、入退会審査会委員長、総務委員会委員長、日弁連交通事故相談センター委員を歴任。中央大学兼任講師（民法）、最高裁判所司法研修所刑事弁護教官（平成 16 年から平成 19 年 1 月まで）、司法試験考査委員等歴任。平成 29 年度東京弁護士会副会長。

【執筆部分】

第 2 部事例編　第 2 章、第 3 章法務部分

【主な著書】

「遺言と任意後見の実務」（三協法規出版、編著）

「弁護士の業務に役立つ相続税」（三協法規出版、編著）

「遺言実務入門」（三協法規出版、編著）

■税理士　大畑　智宏（おおはた　ともひろ）

【略歴】

昭和 48 年 10 月 13 日生まれ、武蔵工業大学工学部経営工学科卒業。平成 19 年 3 月税理士登録。大原簿記学校東京校税理士講座相続税法科講師勤務（相続税法・民法条文体系を学ぶ）、税理士法人エーピーエスを経て平成 21 年 11 月大畑智宏税理士事務所を開業し現在に至る。日本税理士会連合会　理事（調査研究副部長）、東京税理士会　常務理事（調査研究部長）、会員相談室相談委員。東京税理士会京橋支部所属。

【執筆部分】

第 2 部事例編　税務部分、フォーカス税務部分

【主な著書】

「ケース別　土地評価　減価要因の着眼点」（新日本法規、編著）

「遺留分をめぐる法務・税務」（清文社、編著）

「事例から見る税務と法務の接点」（大蔵財務協会、共著）

「事例でわかる「貸倒損失」処理の実務」（日本実業出版社、共著）

「弁護士の業務に役立つ相続税」（三協法規出版、共著）

「教えて税理士さん これで安心改正相続税ガイドブック」（大蔵財務協会、共著）

■弁護士　諸岡　亜衣子（もろおか　あいこ）

【略歴】

平成15年裁判官任官、平成30年弁護士登録。弁護士法人遠藤綜合法律事務所所属（東京弁護士会）。

【執筆部分】

第1部法務基礎編　第1章、第4章、第5章及び第6章

■弁護士　飯塚　順子（いいづか　じゅんこ）

【略歴】

昭和58年生まれ、中央大学大学院法務研究科（法科大学院）修了。平成20年12月弁護士登録（東京弁護士会、第61期）。都内法律事務所勤務を経て、平成25年4月、弁護士法人遠藤綜合法律事務所に入所、現在パートナー弁護士。平成28年2月〜平成30年1月、最高裁判所司法研修所所付（刑事弁護）

【執筆部分】

第2部事例編　第1章、第4章、第5章法務部分

【主な著書】

「弁護士の業務に役立つ相続税」（三協法規出版、共著）

■弁護士　長瀬　恵利子（ながせ　えりこ）

【略歴】

平成27年弁護士登録。弁護士法人遠藤綜合法律事務所所属（東京弁護士会）。

【執筆部分】

第1部法務基礎編　第2章及び第3章

■司法書士　谷口　理絵（たにぐち　りえ）

【略歴】

東京司法書士会所属。公益社団法人成年後見センター・リーガルサポート東京支部所属。

平成24年に司法書士ひばり事務所を開業。

専門は不動産の相続、売買、各種法人の登記、成年後見業務。

【執筆部分】

第2部事例編　第1章一部、フォーカス法務部分

本書の内容に関するご質問は、税務研究会ホームページのお問い合わせフォーム（https://www.zeiken.co.jp/contact/request/）よりお願いいたします。

なお、個別のご相談は受け付けておりません。

本書刊行後に追加・修正事項がある場合は、随時、当社のホームページ（https://www.zeiken.co.jp/）にてお知らせいたします。

税理士が直面する 新たな不動産登記法・共有関係等の実務

～税務と法務の事例から不動産登記義務化、共有物の利用及び解消促進、
相続土地国庫帰属法等をＱ＆Ａで理解する～

令和5年11月4日　初版第1刷印刷
令和5年11月10日　初版第1刷発行

（著者承認検印省略）

ⓒ 著　者　　　遠藤　常二郎
　　　　　　　　大畑　智宏

発 行 所　　　税 務 研 究 会 出 版 局
　　　　　　週 刊「税務通信」発行所
　　　　　　　　　「経営財務」

代 表 者　　　山　根　　　毅
　　　　　　〒100-0005
　　　　　　東京都千代田区丸の内1-8-2 鉄鋼ビルディング
　　　　　　https://www.zeiken.co.jp

乱丁・落丁の場合は、お取替えいたします。

印刷・製本　テックプランニング株式会社
装丁　齊藤 ヒロミ＋澤村 直樹（テックプランニング）

ISBN978-4-7931-2776-2